CAMPER-GLÜCK

DIE SCHÖNSTEN CAMPINGPLÄTZE FÜR SPORT UND WELLNESS in Deutschland

Anna-Lena Knobloch

BRUCKMANN

Inhalt

Norddeutschland 10

Ostdeutschland 44

Westdeutschland 78

Gut gesichert ist ein Klettersteig eine tolle sportliche Herausforderung.

Vorwort

ES GIBT EIN GÄNGIGES KLISCHEE: Wohnmobil-Urlaub ist etwas für Couch-Potatoes, die ihr eigenes Sofa am liebsten immer dabeihaben möchten. Ankommen, Liegestuhl aufklappen, fertig? Weit gefehlt! Wer im Campingurlaub auch aktiv und sportlich unterwegs sein möchte, der wird auf den folgenden Seiten viele ausgefallene Möglichkeiten finden, den nächsten (Kurz-)Urlaub aufregend zu gestalten. Ob nur für ein paar Tage, gezielter Besuch von bestimmten Highlights oder längerer Aufenthalt auf einem Campingplatz, der auf aktive Gäste ausgerichtet ist: Vom günstigen Stellplatz für den Wochenendtrip bis zum voll ausgestatteten Camp-Resort finden sich in diesem Buch Übernachtungsmöglichkeiten für jeden Geldbeutel.

Der größte Kletterpark Europas, außergewöhnliche Mitmach-Museen und ein (fast) olympiareifer Kanupark warten auf Besucher. Wie wäre es, im Urlaub einmal eine ganz neue Sportart auszuprobieren – etwas, das man schon immer einmal machen wollte, aber nie die Zeit dafür gefunden hat? Jetzt ist sie da, und die Möglichkeiten sind endlos. Tauchen lernen im See neben dem Campingplatz oder in Deutschlands größtem Indoor-Tauchbecken? Ein Escape Game in der freien Natur oder doch lieber der ultimative Adrenalinkick beim Sprung von einer riesigen Hängebrücke? Nicht nur in der Luft und zu Wasser, auch unter Tage gibt es viel zu entdecken. Höhlen und alte Salzbergwerke entführen in eine ganz andere, fremde Welt. Wer im Übrigen glaubt, so eine Höhlentour sei keine sportliche Angelegenheit, der wird eines Besseren belehrt werden. Tierische Abenteuer gibt es ebenfalls, von Wanderungen mit Eseln bis zu einer Yogastunde mit Lama-Begleitung. Nach so viel Action darf die Entspannung nicht fehlen. Was liegt da näher, als direkt neben einer Therme zu übernachten und nach Sauna und Massage einfach nur ins eigene Bett zu fallen?

Entspannt in den Tag starten und schon die nächste Kanutour planen

Auch beim Trendsport Stand Up Paddling darf der vierbeinige Freund nicht fehlen.

Norddeutschland

↑ Entspannt im Freien eine Tasse Kaffee genießen
↓ Der Stellplatz kann auch bequem online gebucht werden.

1 Paddel und Pedale

SPORTBEGEISTERTEN URLAUBERN hat Ostfriesland einiges zu bieten – da fällt es gar nicht so leicht, sich zwischen einem ausgedehnten Radausflug oder einer Kanutour zu entscheiden. Gut, dass es am Großen Meer die Paddel- und Pedalstation gibt, denn hier wird das Beste aus beiden Welten miteinander verbunden. Sind die Arme vom Paddeln ausgelaugt, kann man sich aufs Rad schwingen und eine Tour über den 3-Meere-Weg dranhängen.

Übrigens: Das Große Meer ist gar kein Meer, sondern Ostfrieslands größter Binnensee. Von März bis Oktober öffnet der Campingplatz Großes Meer die Tore für erlebnishungrige Abenteurer. Angeboten wird in direkter Nachbarschaft alles rund ums Wasser, von Kanufahren über Surfen und Segeln bis hin zum beliebten SUP. Motorboote sind auf dem See tabu, so gehört der See an sonnigen Tagen den Seglern und Badegästen. Nicht nur Wassersportler können sich auf dem See austoben, es gibt auch eine eingezäunte Hundewiese mit Buddelbereich. Wer lieber zu Fuß unterwegs ist, erwandert das Naturschutzgebiet auf einer der vielen ausgeschilderten Routen. Von Spaziergang bis Tagesausflug ist hier für jeden etwas dabei.

Der Platz ist voll ausgestattet und in den Freizeitbetrieb am See eingebunden. So befindet sich die Surf- und Segelschule direkt neben dem Platz, es gibt eine kleine Sauna und einen Kinderspielplatz. Der angrenzende Wohnmobilhafen kann das ganze Jahr über angefahren werden und im Winter lädt der Campingplatz zum entschleunigten Wintercamping mit dem Wohnwagen ein. Übernachten kann man auch in einem Schlafstrandkorb unter den Sternen. Für »Schietwetter« gibt es auf der Website der Anlage eine genaue Anleitung für eine ostfriesische Teezeremonie – mit Wärmegarantie.

Campingplatz Großes Meer · Am Gästehafen 1 · 26624 Südbrookmerland
Tel. 04942/20 47 20 28 · camping-grossesmeer.de
GPS: 53.444743, 7.307875

2 Blütenroute des Nordens

OSTFRIESLAND UND BLUMENPRACHT – das passt nicht zusammen? Passt es doch, wie die Blumenstadt Wiesmoor nördlich von Oldenburg beweist. Ein ganzes Blumenreich ist hier entstanden, mit einem großzügigen Park und einer riesigen Blumenhalle inklusive Tropenbereich für die exotischeren Pflanzen. Auf dem gleichen Gelände wurde mit dem Erlebnisgolf Ostfriesland ein weiterer Besuchermagnet geschaffen. Nach einem entspannten Spaziergang durch das Blumenreich gibt es hier auf 18 Loch knifflige Hindernisse für die Minigolfer.

Gleich ums Eck befindet sich mit dem Camping- und Bungalowpark Ottermeer ein Fünf-Sterne-Platz, der keine Wünsche offenlässt. Das namensgebende »Meer« ist im Übrigen ein Hochmoorsee mit exzellentem Badewasser! Dorthin geht auch garantiert der erste Ausflug – nur wenige Meter vom Wohnmobil entfernt, ist man bereits am Badestrand angekommen. Wer nicht mit SUP oder Tretboot den See erobern möchte, kann sich einfach bequem im Strandkorb entspannen – das ist Nordsee-Feeling pur!

Die schöne Umgebung erkundet man am besten mit dem Rad. Rund um Wiesmoor verlaufen zahlreiche Radrouten, von kurz und einfach bis zu überregional und knackig. So führt zum Beispiel die Deutsche Fehnroute durch Wiesmoor. Es geht hier jedoch nicht um Fabelwesen: Das Wort »Fehn« bedeutet »Moor« und die Route verbindet norddeutsche Orte, die von und mit dem Moor lebten.

Ob Zeltwiese oder Komfortstellplatz, der Campingplatz bietet für jeden etwas. Vierbeiner sind ebenfalls willkommen, die Umgebung eignet sich für ausgedehnte Gassirunden. Sogar den rauen ostfriesischen Winter kann man auf dem ganzjährig geöffneten Platz genießen.

Camping- und Bungalowpark Ottermeer · Am Ottermeer 52
26639 Wiesmoor · Tel. 04944/94 98 93 · wiesmoor-camping.de
GPS: 53.416000, 7.710412

↑ Das Herzstück des Platzes sind die modernen Sanitärgebäude.
↓ Blütenpracht gibt es auch direkt vor dem Wohnmobil.

↑ Unter fachkundiger Anleitung geht es hinaus ins Watt.
↓ Der Campingplatz liegt perfekt zwischen Strand, Hafen und Ort.

3 Das Watt ruft

ZU EINEM URLAUB AN DER NORDSEE gehört es dazu: das Watt. Die schier endlose Weite zieht Spaziergänger geradezu magisch vom Strand weg. Doch Vorsicht: Allzu weit sollte man sich als Tourist nicht hinauswagen, die Flut kommt meist schneller zurück, als man denkt. Außerdem gibt es im Watt eine Menge zu entdecken – wenn man weiß, wo man suchen muss.
Hier kommen die Guides des Wattwanderzentrums Ostfriesland ins Spiel. Auf verschiedenen Touren führen sie Gruppen durch Sand, Schlick und Priele. Dabei vermitteln sie nicht nur Wissenswertes über die »Small Five«, die man bei einer Wattsafari mit der ganzen Familie bestaunen kann. Es gibt auch anspruchsvolle Touren, wie die 7,5-stündige Wanderung zum Leuchtturm Arngast. Die Strecke mag an Land ein Klacks sein, im tiefen Schlick wird es jedoch schnell anstrengend. Der wohlverdiente Proviant sollte daher nicht vergessen werden. Die atemberaubende Landschaft des UNESCO-Weltnaturerbes Wattenmeer bietet immer wieder spektakuläre Fotomotive, gerade wenn der Himmel nicht wolkenlos blau ist! Die eigens angebotenen Fotosafaris finden im Licht der untergehenden Sonne statt – Tipps für eigene gekonnte Schnappschüsse inklusive.
Viele Touren starten am Hauptstandort des Wattwanderzentrums, am Strand von Carolinensiel. Dort befindet sich auch der große Camping- und Stellplatz Harlesiel. Nur wenige Meter vom Strand entfernt, ist auf dem voll ausgestatteten Platz von WLAN bis zum eigenen Restaurant alles vorhanden, was die Gäste für einen Sommerurlaub so brauchen. Für Hunde(besitzer) gibt es einen extra Bereich und sogar einen Hundestrand.

Wattwanderzentrum Ostfriesland · Am Harlesiel 20
26409 Wittmund · Tel. 0173/9978231 · wattwanderzentrum-ostfriesland.de
Campingplatz Harlesiel · Schwerinsgroden 1 · 26409 Wittmund
Tel. 04464/94 93 98 · campingplatz-harlesiel.de
GPS: 53.707766, 7.804401

4 Das Universum vor der Haustür

WIE EIN GESTRANDETES RAUMSCHIFF sieht es aus – oder wie ein großer silberner Wal. Das futuristische Universum Bremen ist kein gewöhnliches Museum, das sieht man auf den ersten Blick. Die glänzende Fassade beherbergt Ausstellungen zu drei verschiedenen Themengebieten: Technik, Mensch, Natur.

Wissenschaft hautnah erleben, selbst experimentieren und dabei auch noch eine Reise durch die Geschichte der Technik machen: Das alles hatte im Wal bald keinen Platz mehr, sodass es nun ein weiteres Gebäude sowie einen großen Außenbereich gibt. Dort geht es vor allem um Bewegung und Natur. Vom 27 Meter hohen »Turm der Lüfte« aus hat man schließlich einen tollen Rundumblick über Bremen und kann schon einmal den restlichen Tag in der Stadt planen. Oder man bleibt einfach noch zum Abendessen, das hier als Dinner im Dunkeln eine besondere Herausforderung bietet – eine Reservierung ist hierfür erforderlich.

Bremen gilt als entspannte Fahrradstadt und so können alle anfallenden Strecken bequem auf zwei Rädern zurückgelegt werden. Die vier Räder stehen derweil stadtnah und doch mitten im Grünen auf dem großen Reisemobilstellplatz Am Kuhhirten. Umgeben von Werdersee und Weser ist die Lage des Platzes optimal, um Stadt und Natur miteinander zu verbinden! Wie wäre es zum Beispiel mit einer SUP-Ausfahrt? Das passende Gefährt dazu kann man gleich in der Nähe ausleihen. Zu Fuß ist die schöne Innenstadt in einer halben Stunde erreicht. Der vollausgestattete Platz ist ganzjährig geöffnet, die Gebühr wird bequem am Automaten entrichtet. Eine Stellplatzreservierung ist nicht möglich.

Universum Bremen · Wiener Straße 1a · 28359 Bremen
Tel. 0421/334 60 · universum-bremen.de
Reisemobilstellplatz Am Kuhhirten · Kuhhirtenweg · 28201 Bremen
Tel. 0173/985 00 92 · stellplatz-bremen.de · GPS: 53.06521, 8.81872

↑ Als wäre es gerade aus den Tiefen aufgetaucht – das Universum
↓ Kaum zu glauben, dass das Zentrum von Bremen nicht weit entfernt ist.

↑ Nach dem ersten Kennenlernen kommen die Vierbeiner gerne mit.
↓ Ruhig und beschaulich geht es im Moorcamp zu.

5 Die Mär vom sturen Esel

SPÄTESTENS SEIT BULLY HERBIGS »Schuh des Manitu« ist das sture »Eselmaul« uns allen ein Begriff. Im Gegensatz zu Pferden gelten sie als eigensinnig und störrisch, man könnte aber auch sagen: Sie haben Charakter. Hier in der Eselei Woltringhausen wird darauf geachtet, dass sowohl Besucher als auch die acht Esel bei den gemeinsamen Ausflügen auf ihre Kosten kommen. Es gibt auf Kinder und/oder Erwachsene zugeschnittene Programme, die vorher individuell abgestimmt werden. Daher sind Termine auch nur nach vorheriger Anmeldung und Absprache zu haben. »Eselbaden« in der Herde ist ebenso möglich wie Wanderungen und spannende Outdoor-Spiele. Was macht ein glücklicher Esel eigentlich den ganzen Tag? Wie kommunizieren Esel miteinander und mit uns Menschen? Diese und alle anderen Fragen rund um die Vierbeiner werden dabei beantwortet. Darüber hinaus gibt es Eselseminare, die sowohl online als auch in Präsenz abgehalten werden. Wer jetzt nicht genug von den Langohren bekommen kann, für den gibt es die Möglichkeit, eine Eselpatenschaft zu übernehmen – diese kann auch verschenkt werden.
Das idyllisch gelegene Moorcamp bietet den perfekten Rückzugsort für Naturfreunde. Hier gibt es großzügige Stellplätze zwischen Bäumen und morgens einen Brötchenservice. Hunde sind – übrigens anders als bei den Eseltouren – willkommen und kosten nicht extra. Kein Schnickschnack, dafür viel Ruhe und die Natur des Nationalparks Großes Uchter Moor. Ein kleiner Spaziergang führt zum Aussichtsturm, der einen herrlichen Blick übers Moor bietet. Jedes Jahr im Herbst können hier Kraniche beobachtet werden, die auf ihrem Weg in den Süden im Moor Rast machen.

Eselei Woltringhausen · Woltringhausen 32 · 31600 Uchte
Tel. 05763/865 30 82 · eseltraum.de · GPS: 52.56069, 8.92545
Moorcamp · Birkenbusch 50 · 31606 Warmsen · Tel. 05767/943 86 55
moorcamp.de · GPS: 52.481200, 8.818715

6 Entspannte Erlebnisreise

DAS WOHNMOBIL STEHT MIT DEN FENSTERN in Richtung See, die Stühle sind schnell auf der Wiese davor aufgestellt und der Blick schweift über die stille Wasseroberfläche. So sieht Camping am Doktorsee im Weserbergland aus. Das Erholungsgebiet erstreckt sich rund um den See, so gibt es viele Stellplätze mit direktem Seeblick. Doch nicht nur Ruhe und Entspannung findet man hier, auf dem großen Areal gibt es außerdem eine Menge zu entdecken!

Los geht es natürlich im Wasser: Auf der großen Wasserrutsche saust man hinein ins nasse Vergnügen! Auch wer gerne mit dem Paddel in der Hand unterwegs ist, findet hier das passende Angebot. SUPs können ebenfalls ausgeliehen werden. Der ruhige See eignet sich hervorragend für eine Paddelrunde, auch für Anfänger. Am Ufer geht es weiter mit Multifunktionssportplatz, Beachvolleyballfeld und Minigolf. Gleich mehrere Kinderspielplätze und das Animationsprogramm machen den See gerade für Familien attraktiv.

Höhepunkt des Jahres ist die alljährlich am vierten Wochenende im Juli stattfindende Veranstaltung »Doktorsee in Flammen« mit nächtlichem Feuerwerk. Für die vierbeinigen Gefährten gibt es eine Hundespielwiese mit Hindernissen. Im Gebiet von »See 2« dürfen sie auch ins Wasser. Wem ein See zu klein ist, dem steht mit der Weser ein riesiges Kanu-Revier zur Verfügung, und der Weserradweg führt ebenfalls direkt am Platz vorbei.

Auch die Entspannung kommt hier nicht zu kurz – in der großen Saunalandschaft direkt am See findet ein sportlicher Tag ein gemütliches Ende. Nach der Sauna können die Gäste in den kalten See springen, das weckt die Lebensgeister! Das Erholungsgebiet mit gleich zwei Restaurants ist ganzjährig geöffnet.

Erholungsgebiet DoktorSee · Am Doktorsee 8 · 31737 Rinteln
Tel. 05751/96 48 60 · doktorsee.de · GPS: 52.186699, 9.059681

↑ Die Rutsche direkt in den See ist heiß begehrt.
↓ Erholung unter hohen Bäumen, die Action wartet am See.

↑ Der Geesthof sieht mehr nach Parkanlage als nach Campingplatz aus.
↓ Die mächtigen Bäume spenden kühlenden Schatten an heißen Tagen.

7 Familientradition und Gutsherren-Feeling

DER GEESTHOF IST EIN CAMPINGPLATZ in Familienhand. Die Familie von Freiherr von Marschalck lebt seit dem 16. Jahrhundert auf diesem Stückchen Land an der Oste. Das ursprüngliche Gutshaus, das später zu einem Schloss ausgebaut wurde, ist zwar leider nicht mehr erhalten. Auf dem parkähnlichen Schlossgelände befindet sich heute stattdessen ein ganzes Feriendorf mit mehreren mietbaren Holzhäuschen, einem Reitstall und einem Campingplatz. Das klingt nach viel Gedränge, doch die 25 Hektar Grund sind sehr weitläufig und naturbelassen. Der Geesthof wird außerdem nachhaltig bewirtschaftet. So gibt es beispielsweise eine Hackschnitzelheizung für die Wärme und PV-Anlagen für den Strom.

Jede Menge Angebote aus den Themenbereichen Sport, Natur und Entspannung begeistern hier die Menschen. In drei platzeigenen Gewässern kann geangelt werden. Auf dem eigenen Reiterhof können sowohl Einsteiger als auch erfahrene Reiter Zeit hoch zu Ross verbringen. Wie wäre es mit einem Bad im Geestsee, natürlich gemeinsam mit den Vierbeinern? Auch Hunde sind hier nämlich herzlich willkommen. Sie dürfen sich auf dem großen Hundeplatz mit Agility-Parcours austoben. Der Hundestrand am Geestsee bietet danach die perfekte Abkühlung.

Das Vogelparadies der Oste lässt sich gut mit dem platzeigenen Ausflugsboot, dem »Püttenhüpper«, erkunden. Mit bis zu zwölf Gästen schippert der Kapitän die Oste entlang und, wer weiß, lässt sich vielleicht sogar ein Seeadler blicken? Vom Schwimmen in der Oste wird übrigens abgeraten, denn in dem Fluss mit Ebbe und Flut herrschen starke Strömungen. Dafür gibt es auf dem Platz ein tropisches Badeparadies mit Sauna und Dampfbad zum Planschen und Entspannen. Der Ferienpark hat das ganze Jahr geöffnet und bietet auch Saisonstellplätze an.

Ferienpark Geesthof · Am Ferienpark 1 · 21755 Hechthausen
Tel. 04774/512 · geesthof.de · GPS: 53.625378, 9.203116

8 Das Alphabet der Tiere

IM WILDPARK SCHWARZE BERGE südlich von Hamburg können Besucher viel erleben: Von A wie Alpaka bis Z wie Zwergziege, von Austernfischer bis Zebrafink gibt es hier jede Menge fellige und geflügelte Tiere zu bewundern. Während der Flugschau heißt es, Köpfe einziehen, wenn die großen Falken über die Zuschauer hinwegzischen. Bei der täglichen Fütterung kann man beobachten, wie die putzigen Waschbären zu ihrem Namen gekommen sind. In den Freigehegen warten freche Ziegen und neugieriges Damwild auf Streicheleinheiten. Dabei steht das Kennenlernen und vor allem das Schätzenlernen der Tiere immer im Vordergrund. Deswegen gibt es für die Besucher jede Menge Informationen zu allen im Tierpark beheimateten Arten. Die eigenen Vierbeiner dürfen, an kurzer Leine, ebenfalls mitgebracht werden.

Gleich neben dem Wildpark befindet sich der eigene voll ausgestattete Campingplatz. Neben 70 Stellplätzen ist mit Waschhaus, Wasser, Strom und Ver- und Entsorgung alles vor Ort, was man für einen Aufenthalt so benötigt. Es gibt nicht nur einen Nachlass auf den Eintritt im Wildpark, auch die weitere Umgebung des Platzes hat viel zu bieten. Wer möchte, kann direkt vom Platz aus zu Wanderungen in das weitläufige Waldgebiet rund um den Hasselbrack starten – mit stolzen 116 Metern ist er Hamburgs höchster »Berg«. Nur 15 Minuten zu Fuß entfernt, wartet das Freilichtmuseum Kiekeberg mit seinen historischen reetgedeckten Häusern. Dank guter Anbindung ist die Innenstadt Hamburgs mit den öffentlichen Verkehrsmitteln in einer knappen Stunde erreicht.

Der Platz hat von April bis November geöffnet. Außerhalb der Sommerferien ist er an Sonn- und Feiertagen geschlossen. Eine Reservierung ist nicht nötig. Es gibt einen kleinen Kiosk mit Brötchenservice.

Wildpark-Camping Schwarze Berge · Am Wildpark 1 · 21224 Rosengarten
Tel. 040/81 97 74 70 · wildpark-camping.de · GPS: 53.442501, 9.890319

↑ Z wie (super niedliche) Zwergschweine

↓ Auffahrkeile sind bei den leicht abfallenden Stellplätzen von Vorteil.

↑ Das ist Armdrücken auf ganz neuem Level.

↓ Sieht kompliziert aus, doch die einzelnen Stationen sind schlüssig aufgebaut.

9 Klettern ohne Ende

IN DER LÜNEBURGER HEIDE kann man nicht nur die schöne Landschaft genießen, sondern auch sportliche Highlights entdecken. Europas größter Kletterpark, die HöhenwegArena in Schneverdingen, ist mit seinen zwischen Bäumen gespannten Seilen und Plattformen kein klassischer Kletterwald. Die Anlage mit ihren 19 Masten und sechs Stockwerken wurde künstlich geschaffen, so konnten ideale Kletterbedingungen für alle Levels und Altersgruppen ermöglicht werden.

Der Fantasie der Erbauer waren hier offensichtlich keine Grenzen gesetzt. Auf über 150 Kletterstationen gilt es, immer wieder neue Hindernisse zu überwinden. Bis zu 30 Meter geht es hinauf, wer da noch Nerven für eine der Free-Fall-Abseilstellen hat, dem ist der Adrenalinkick sicher! Über schwebende Bierbänke, auf wackligen Baumstämmen oder auf einem dünnen Seil balancieren – sollte man sich einmal nicht weitertrauen, gibt es immer verschiedene Abzweigungen.

Der Kletterpark hat von April bis Ende Oktober geöffnet. Die Region ist allerdings ganzjährig eine Reise wert. Auf dem großen Camping-Park Lüneburger Heide kann man einen entspannten und komfortablen Urlaub verbringen. Der Platz besticht durch großzügige Wiesenplätze und moderne Ausstattung. Die Gäste können einfach nur die Natur genießen und abhängen oder die Freizeitangebote der Urlaubsregion voll ausschöpfen. Durch den Reiterhof direkt nebenan und das Wellnessangebot auf dem Platz möchte die ganze Familie garantiert so schnell nicht mehr weg. Und wer immer noch nicht genug hat: Das Heide Park Resort, Deutschlands zweitgrößter Freizeitpark, ist nur wenige Kilometer entfernt.

Kletterpark Höhenwegarena · Camp Reinsehlen 20
29640 Schneverdingen · Tel. 05198/98 73 73 · hoehenweg.de
Camping-Park Lüneburger Heide · Badeweg 3 · 29640 Schneverdingen
Tel. 05199/275 · camping-lh.de · GPS: 53.070118, 9.864774

10 Urlaub für Zwei- und Vierbeiner

ALLES EINGEPACKT FÜR DEN CAMPINGURLAUB? Badesachen, Wanderschuhe, Kinder, Hund und Pferd? Ja, richtig gelesen, auf diesem Platz kann man seinen Urlaub in der Lüneburger Heide mit dem eigenen Pferd verbringen! Möglich ist das durch eine zugehörige Pferdepension direkt neben dem Campingpark Südheide.
Das ist nicht das einzige Alleinstellungsmerkmal dieses parkähnlich gestalteten Schmuckstücks am Ufer der Örtze. Wer nicht in den kalten Fluss springen möchte, kann im schönen Naturschwimmteich eine Runde drehen. Die Gäste sollen sich hier rundum wohlfühlen. So stehen eine großzügige Campingküche, moderne Sanitäranlagen und eine Wellness-Oase mit Saunen und Massageangeboten bereit – und das alles unter einem Dach. Nur das Essen kommt auf vier Rädern daher. Im Foodtruck »Futterluke« gibt es die obligatorische Currywurst sowie weitere Köstlichkeiten, die man sich eben im Urlaub so gönnt.
Um das wieder abzutrainieren, bietet sich eine SUP- oder Kajakfahrt auf der Aller an. Vorschläge für Ausflüge per pedes oder mit dem Fahrrad gibt es jede Menge, schließlich lockt die schöne Landschaft der Südheide! Eine Reise in die historische Vergangenheit kann im Winser Museumshof unternommen werden. Das schöne Städtchen Celle, das Tor zur Lüneburger Heide, ist ebenfalls nur eine kurze Autofahrt entfernt.
Der Campingpark hat von Ende März bis Anfang November geöffnet. Er umfasst sowohl Ferienhäuser als auch verschiedene Stellplatzkategorien. Wer statt einem Pferd »nur« seinen Hund dabeihat, findet für diesen nach einem Bad im Fluss und dem Toben auf der Hundewiese eine Hundedusche vor.

Campingpark Südheide · Im Stillen Winkel 20 · 29308 Winsen (Aller)
Tel. 05143/666 18 03 · campingpark-suedheide.de
GPS: 52.673133, 9.936281

↑ Urlaub mit dem eigenen Pferd – der Traum aller Pferdebesitzer
↓ Gepflegte große Parzellen warten hier auf die Besucher.

Die herrliche Heidelandschaft
ist am schönsten zur Blütezeit.

↑ Der Park ist ein Paradies für Biker.

↓ Das schöne Hildesheim ist auf jeden Fall einen Zwischenstopp wert.

11 Sporteln in der Stadt

DIE GESCHICHTE UND DER WOHLSTAND der kleinen Stadt Bad Salzdetfurth in der Nähe von Hildesheim sind eng mit der Salzgewinnung verbunden – das erkennt man bereits am Namen. Doch darauf ruht sich der Kurort nicht aus. In den letzten Jahren wurde viel unternommen, um einen neuen Ruf zu erlangen: den einer Sportstadt. Dafür wurden Sportstätten errichtet und gefördert, die heute für jedermann zugänglich sind und viele Besucher anlocken.
Die norddeutsche Stadt gilt besonders als Mountainbike-Hochburg, sogar nationale Meisterschaften und internationale Wettkämpfe werden hier ausgetragen. Im Bike- und Outdoorpark finden nicht nur hochkarätige Veranstaltungen statt. Das Gelände ist gegen ein kleines Entgelt zur allgemeinen Nutzung freigegeben.
Es gibt einen Übungsparcours, mehrere Anlagen und Trails für Anfänger und Fortgeschrittene. Highlight ist der Rollercoaster Flowtrail, der auf fünf Kilometern von Steilkurven über Sprünge jede Menge Abwechslung bietet. Doch nicht nur Biker, auch Jogger und Nordic Walker können auf dem Gelände trainieren – für alle, die zu Fuß unterwegs sind, ist die Nutzung kostenlos. Die hügelige Umgebung der Stadt bietet sich ebenfalls für sportliche Ausflüge an.
Wer es etwas ruhiger angehen möchte, ist im Golf-Club gut aufgehoben. Neben dem klassischen Golfplatz findet sich im Kurpark auch eine Adventuregolf-Anlage für die ganze Familie.
Der Wohnmobilstellplatz auf dem Parkplatz des Solebades bietet eine kostengünstige Übernachtungsmöglichkeit. Auf zehn Plätzen gibt es hier Strom, Wasser und Abwasserentsorgung. Etwas über zwei Kilometer von der Innenstadt entfernt, steht man ruhig und abgeschieden in der Nähe des Kurparks.

Wohnmobilstellplatz am Solebad · Oberstraße 6 · 31162 Bad Salzdetfurth
bad-salzdetfurth.de/Gäste/Wohnmobilstellplatz
GPS: 52.072013, 10.018954

12 Schwebend durch die Baumwipfel

DER HARZ HAT EINE NEUE ATTRAKTION, durch die die Besucher den Wald einmal von einer anderen Seite kennenlernen. Mit der Zipline einen Berg hinuntersausen, das hat der eine oder die andere bestimmt schon ausprobiert. Doch in der BaumSchwebeBahn flirrt die Umgebung nicht im Geschwindigkeitsrausch an einem vorbei. Im Gegenteil, bei entspannten 12 bis 15 Stundenkilometern hat man Zeit, die wunderschöne Umgebung zu bestaunen. Zum Startpunkt oben auf dem Burgberg fährt man bequem mit der Seilbahn oder läuft die 1,5 Kilometer hinauf. Oben angekommen, eröffnet sich ein fantastischer Blick über diesen Teil des Harzes bis hin zum berühmten Brocken. Unten am Berg und dennoch in stolzen 26 Metern Höhe befindet sich ein Baumwipfelpfad. Mit sanfter Steigung erklimmt man die Aussichtsplattform und hat unterwegs immer wieder die Möglichkeit, an kleinen Balance-Übungen seine Schwindelfreiheit zu testen.

Der Wohnmobilstellplatz an der Sole-Therme ist nur wenige hundert Meter vom Baumwipfelpfad entfernt. Auf dem ganzjährig geöffneten Stellplatz am Fluss Radau ist Platz für 80 Fahrzeuge – im Winter steht nur die Hälfte der Plätze zur Verfügung. Der Stellplatz ist gut ausgestattet mit Strom, Ver- und Entsorgung, Sanitäranlagen und Brötchenservice. Die namensgebende Sole-Therme befindet sich gleich nebenan und lockt mit wohltemperiertem Heilwasser und einer Sauna-Erlebniswelt. Die kleine »Bummelallee« von Bad Harzburg mit Restaurants und Einkaufsmöglichkeiten ist nur einen Spaziergang entfernt.

Baumwipfelpfad und BaumSchwebeBahn · Nordhäuser Str. 2b
38667 Bad Harzburg · Tel. 05322/753 33 · baumwipfelpfad-harz.de
GPS: 51.87015, 10.56318
Wohnmobil-Stellplatz an der Sole-Therme · Nordhäuser Str. 10
38667 Bad Harzburg · Tel. 05322/753 30
bad-harzburg.de/urlaub-planen/wohnmobil-stellplatz
GPS: 51.86844, 10.55840

↑ Die BaumSchwebeBahn ist auch für Kinder geeignet.
↓ Ruhig am Stadtrand liegt die Therme mit Stellplatz.

↑ Nicht nur Camping, auch Glamping wird hier angeboten.
↓ Der Kellersee ist ein Paradies für Outdoorfreunde.

13 Für nordische Prinzen

NAHE DEM ORT EUTIN, genau zwischen den wunderschönen historischen Städten Kiel und Lübeck, befindet sich ein Stück nordische Naturidylle. Direkt am Kellersee gelegen, gibt es auf dem Naturpark-Camping Prinzenholz jede Menge Stellplätze mit Blick aufs Wasser. Klar, dass Aktivitäten an und im Wasser hier im Vordergrund stehen. Die kleine Badestelle lädt zum Planschen ein. Lust auf mehr Action? Kein Problem! Der Platz arbeitet mit einem Bootsverleih zusammen. Hundeliebhaber erwartet hier ein Wassersport der besonderen Art: SUP mit Vierbeiner. Das Gleichgewicht auf dem Brett halten und dabei noch den hibbeligen Hund nicht über Bord gehen lassen – wie das geht, das erklärt am besten eine Hundetrainerin.

Beim außerdem angebotenen Survival-Training lernen Outdoorfans die Natur einmal von einer ganz neuen Seite kennen, nicht nur als grüne Kulisse für Sport und Erholung. Welche Pflanzen sind eigentlich essbar und wo finde ich sauberes Trinkwasser? Wer die Antworten kennt und sich hier durchschlägt, der ist für jedes Abenteuer gewappnet. Für Pferdefans bietet der nahegelegene Reiterhof die Möglichkeit, Reitunterricht zu nehmen oder auszureiten. Abends wartet dann schon die finnische Sauna mit Seeblick.

Der Naturpark besticht nicht nur durch seine tolle Lage, er wird seinem Namen auch durch Nachhaltigkeit und Umweltschutz mehr als gerecht. So gibt es neben Fotovoltaik für den Strom und Solarenergie für das Warmwasser auch ein modernes und auf dem Dach begrüntes Waschhaus. Insekten und Vögel finden hier außerdem einen ungestörten grünen Lebensraum. Die Gäste dürfen sich im Hofladen über regionale Produkte freuen.

Naturpark-Camping Prinzenholz · Prinzenholzweg 20 · 23701 Eutin
Tel. 04521/52 81 · naturpark-camping-prinzenholz.de
GPS: 54.160120, 10.602471

14 1000 Seen und 1000 Möglichkeiten

EINES DER SCHÖNSTEN WASSERSPORTREVIERE Deutschlands ist die Müritz. Segeln, Surfen, Paddeln – wer Urlaub am und auf dem Wasser machen möchte, der ist hier an der richtigen Stelle. Unmittelbar am Bolter Kanal liegt ein kleiner Naturcampingplatz, der als Basis für Ausflüge in die ganze Region dient. Der lauschige Platz mit den hohen Bäumen ist ein guter Rückzugsort, um von hier aus die nächste Tour zu planen.

Ins Wasser gelangt man nur wenige Meter vom Camper entfernt – der Bolter Kanal verbindet den großen Binnensee Müritz mit den weiteren Flüssen, Seen und Kanälen der Umgebung und des Müritz-Nationalparks. Kajaks, Kanadier und Kanus können vor Ort ausgeliehen werden. Ob nur für ein paar Stunden oder den ganzen Tag, eine Einweisung bekommt jeder, der hier lospaddelt. Dazu noch jede Menge Touren-Tipps und schon kann es losgehen. Gemütlich mit dem Paddel in der Hand die wunderbare Natur ringsum genießen, dabei kann man schon einmal die Zeit vergessen.

Etwas mehr Wind um die Nase hat man bei einem Segelkurs oder auf der Wakeboard-Anlage der benachbarten Surfmühle. Außerhalb des Wassers kann man den Nationalpark am besten zu Fuß oder mit dem Fahrrad erkunden. Da kann dann auch der vierbeinige Freund dabei sein und frei toben, denn direkt neben dem Campingplatz gibt es einen Hundestrand. Im benachbarten Feriendorf gibt es auch einen umzäunten Hundespielplatz.

Der Campingplatz ist von Ostern bis Oktober geöffnet und ausgestattet mit Wasser, Ver- und Entsorgung sowie Strom – ein langes Kabel sollten die Gäste dabeihaben. Einzig die Chemietoilette kann hier nicht entsorgt werden.

Naturcamping Bolter Kanal · Am Müritzufer 6 · 17248 Rechlin
Tel. 039823/25 30 · mueritz.com/naturcamping
GPS: 53.373296, 12.762461

↑ Der Naturhafen wird nicht nur für Motorboote genutzt.
↓ Hier gehören auch mehrere Feriendörfer zum Müritzparadies.

↑ Den Mirower See kann man vom Wasser oder Land aus genießen.
↓ Es gibt auf jeden Fall genug Boote für alle!

15 Mit dem Paddel in der Hand auf Schatzsuche

CAMPEN IM KIEFERNWALD und ein eigener Badestrand am Mirower See – das reicht doch vollkommen aus für einen entspannten Urlaub. Hier in der Kanustation Mirow geht es damit jedoch erst richtig los! Vom Einzel-Kajak bis hin zum Drachenboot für große Gruppen gibt es hier alles für das Paddel-Abenteuer auf der Mecklenburgischen Seenplatte. Direkt vom Platz aus kann man zu Tages- oder sogar mehrtägigen Touren aufbrechen. Jede Menge Vorschläge mit genauen Beschreibungen und Übernachtungsmöglichkeiten bietet die Website. Um ein entspanntes Paddelglück zu gewährleisten, finden sich hier auch einige Tipps zur Vorbereitung und zur Ausrüstung. Natürlich werden die Urlauber auch vor Ort noch einmal genau eingewiesen, bevor es losgeht. So ist sichergestellt, dass auch Paddel-Neulinge keinen Schiffbruch erleiden oder sich zu viel vornehmen. Besonderer Wert wird auf einen nachhaltigen Kanutourismus gelegt, schließlich soll der Müritz-Nationalpark geschützt und erhalten werden.
Wer zusätzlich zur körperlichen Anstrengung noch eine geistige Challenge möchte, der kann sich auf die Suche nach den »Kanucaches« machen. Das ist Geocaching, also eine Art GPS-Schnitzeljagd, an Orten, die nur mit dem Kanu oder Kajak erreichbar sind. Die Caches sind rund um den Campingplatz und in der ganzen Region verteilt, viel Glück bei der Suche! Mehr über die Region und deren Natur erfahren die Gäste entlang des Naturlehrpfads auf dem Platz.
Kanustation und Campingplatz haben von April bis Oktober geöffnet. Der Platz bietet gesonderte Areale für Zelte, Camper und Gruppen. Ein Sanitärgebäude mit Duschen und Waschmaschine ist vorhanden. Es gibt Strom für die Wohnmobile, jedoch keine Entsorgung.

Kanustation Mirow · An der Clön 1 · 17252 Mirow · Tel. 039833/220 98
kanustation.de · GPS: 53.289597, 12.794017

Unheimlich schön ist es auf dem Gelände der ehemaligen Beelitz-Heilstätten.

Ost-deutschland

16 Lost and Saved in Brandenburg

BEREITS VON AUSSEN WIRKT ER IMPOSANT und mystisch zugleich, der große Gebäudekomplex der ehemaligen Beelitzer Heilstätten in der Nähe von Potsdam. 1902 eröffnet, wurden die Heilstätten zunächst vor allem zur Behandlung von Lungenkrankheiten gebaut und in den folgenden Jahren immer mehr erweitert. Während des Zweiten Weltkriegs wurden hier Verwundete versorgt, bis 1994 dienten die Heilstätten dann als Militärhospital der sowjetischen Armee. Als »Lost Place« zog die Anlage seit jeher Fotojäger an, die sich auf dem verwunschenen Gelände auf die Suche nach dem perfekten Foto begaben.

Mit der Idee eines Baumkronenpfades begann das Projekt, dieses historisch bedeutsame Gelände der Öffentlichkeit zugänglich zu machen. Heute können Besucher auf dem über 700 Meter langen, barrierefreien Pfad hoch über der Anlage wandeln und das ganze Areal aus der Vogelperspektive betrachten. Auch das Gelände selbst ist zugänglich, die Gebäude können im Rahmen von Führungen besichtigt werden. Das lohnt sich nicht nur für Hobby-Fotografen, denn der morbide Charme dieses einstigen »Lost Place«, der jetzt gerettet wurde, lässt niemanden kalt.

Gleich in der Nähe, und in praktischer Fahrraddistanz zu den Heilstätten, befindet sich der Spargelhof Klaistow. Auf dem familiär geführten Platz sind die Ver- und Entsorgung, Strom, Internet und Toiletten im Übernachtungspreis inklusive. Im Hofladen gibt es alles für den täglichen Bedarf. Mit der Hofbäckerei bleiben keine kulinarischen Wünsche unerfüllt. Sogar selbstgemachtes Eis findet man. Durch die vielen Möglichkeiten für Erlebnisse am und um den Hof herum steht hier auch einem längeren Urlaub nichts im Wege.

Baumkronenpfad Beelitz-Heilstätten Baum & Zeit · 14547 Beelitz
Tel. 033204/605 80 · baumundzeit.de
Wohnmobil-Stellplatz Spargelhof Klaistow · Glindower Str. 28
14547 Beelitz · Tel. 033206/610 70 · spargelhof-klaistow.de
GPS: 52.297609, 12.857829

↑ Ein Baumkronenpfad, der in die Vergangenheit führt

↓ Bei Sonnenuntergang bietet der Platz einen beeindruckenden Anblick.

17 In aller Stille Wasserwandern

WEITAB VON HEKTIK UND LÄRM der Großstadt, an der Grenze zwischen Brandenburg und Mecklenburg-Vorpommern, liegt der Dreetzsee. Gemeinsam mit dem benachbarten See »Schmaler Luzin«, der 34 Meter tief ist, bildet er eines der schönsten Tauchgebiete Deutschlands. Und das Beste: Die Basis der Tauchschule Luzin Divers befindet sich direkt auf dem Campingplatz am Dreetzsee. Während der Saison von April bis Oktober können die Gäste hier Tauchkurse absolvieren. Für Neulinge, die einen ersten Einblick in die faszinierende Unterwasserwelt gewinnen wollen, gibt es Schnupperkurse. Der See ist eingebettet in die Feldberger Seenlandschaft. Hier kann man wunderbar wasserwandern, denn die einzelnen Seen sind über kleinere Bäche und Zuflüsse miteinan-

Hier ist die Welt noch in Ordnung.

der verbunden. Das Fahren mit Elektromotor bedarf in der gesamten Feldberger Seelandschaft einer Ausnahmegenehmigung, eine ruhige Bootstour ist also garantiert. Wie wäre es zum Beispiel mit einem Ausflug zum Carwitzer See? Kajaks, Kanadier und Ruderboote können am Campingplatz ausgeliehen werden. Der großzügig angelegte Platz ist naturbelassen und gemütlich. Dafür sorgen schon die vielen Bäume, die über den ganzen Platz verteilt sind. Da sich der Platz entlang des Südufers an den See schmiegt, haben einige Plätze Seeblick. Wer nicht gerade auf dem See unterwegs ist, kann am schönen Badestrand entspannen und den Blick übers Wasser schweifen lassen. Für Hundebesitzer gibt es eine begrenzte Anzahl von Plätzen, dafür eigene Hundestrände. Für das leibliche Wohl sorgt die platzeigene Gaststätte mit frisch zubereiteten Speisen und Snacks.

Campingplatz am Dreetzsee · Am Dreetzsee 1 · 17268 Boitzenburger Land
Tel. 039889/746 · dreetzseecamping.de · GPS: 53.283273, 13.435116

Die Stellplätze sind nur teilweise parzelliert.

18 Hafen oder Komfort? Beides!

ÜBERNACHTEN IN EINEM RICHTIGEN BAUMHAUS, wer hat davon noch nicht geträumt! Oder doch lieber auf dem Boden bleiben? Frühstücken mit Blick auf den See – das geht natürlich auch vor dem eigenen Wohnmobil. Der Senftenberger See bietet verschiedene Möglichkeiten, einen aktiven Campingurlaub zu verbringen. Für Familien mit Kindern gibt es den Familienpark mit eigenem Strand und vielen Spiel- und Spaßangeboten. Daneben liegt das Hafencamp mit Wohnmobilstellplätzen direkt an der Marina. Etwas mehr Schatten bieten die Wiesenplätze am Rand des Kiefernwalds.

Ein eigenes Boot kann, muss man aber nicht mitbringen. Von Kanu bis Tretboot kann man alles vor Ort ausleihen. Eine Wassersportschule mit Windsurfkursen sowie eine Tauchschule haben sich ebenfalls entlang des Seeufers etabliert. Wer sein Sportprogramm am Wasser absolvieren möchte, profitiert von den drei Aktivfeldern mit Fitnessparcours, die rund um den See eingerichtet wurden.

Alle Sport- und Freizeitangebote sind durch den 18 Kilometer langen Fahrradweg verbunden, der sich um den See schlängelt. Folgt man ihm, kommt man an Schloss und Festung Senftenberg vorbei. Hier lohnt sich ein Abstecher, um die große Festungsanlage aus dem 16. Jahrhundert mit ihren Geheimgängen zu erkunden.

Wer es lieber etwas ruhiger mag, findet beim Komfortcamping auf der anderen Seeseite bei Niemtsch großzügige Plätze und ein Wellnessangebot mit Sauna und Massagen. Hunde sind sowohl im Hafencamp als auch beim Komfortcamping gestattet. Zwei Bademöglichkeiten für die Fellnasen gibt es, in der Nähe des Komfortcampings und am Südufer des Sees.

Hafencamp Senftenberger See · Straße zur Südsee 2 · 01968 Senftenberg
Tel. 03573/80 06 00 · GPS: 51.49026, 14.03652
Komfortcamping Senftenberger See · Senftenberger Str. 10
01968 Senftenberg · Tel. 03573/80 05 00 · senftenberger-see.de
GPS: 51.49935, 13.98243

↑ Sportliche Herausforderung beim Paddeln auf dem See
↓ Direkt an der Marina findet man Stellplätze – und auch Komfortcamping.

↑ Entspannung und Action zugleich – am großen Pool
↓ Auf dem familiär geführten Platz finden auch »Exoten« ein Zuhause.

19 Jeder Urlaub ein Erlebnis

ERLEBNISCAMPING, DAS KLINGT doch vielversprechend! Richtig – viel erleben kann man hier tatsächlich, auf dem Campingplatz in Ortrand nahe der Grenze von Brandenburg und Sachsen. Idyllisch an einem Bach im Grünen gelegen, steht man hier auf Wiesenplätzen. Hohe, schattenspendende Bäume umgeben den Platz, sodass hier eine kleine grüne Insel entstanden ist. Dennoch können die Urlauber in wenigen Minuten in den Ort mit seinen Einkaufsmöglichkeiten laufen.

Ein absolutes Highlight des Campingplatzes ist das direkt angrenzende Freibad, zu dem Campinggäste kostenlosen Zutritt haben. In den Sommermonaten ist hier eine Menge los – dank der zwei verschiedenen Becken fühlen sich sowohl die »ernsthaften« Schwimmer als auch die spaßsuchenden Familien wohl. Einen Imbiss gibt es auch, denn Schwimmen macht bekanntlich sehr hungrig. Die Umgebung der Oberlausitz will ebenfalls erkundet werden. Ob zu Fuß oder mit dem Fahrrad, direkt vor den Toren des Platzes kann es losgehen. Wer ein Kontrastprogramm sucht, wird etwa eine halbe Autostunde entfernt fündig: Kein Naturphänomen, sondern ein durch und durch menschengemachter Zeuge der Industriekultur ist das Besucherbergwerk F60. Auch wenn der Name so klingt, hier geht es nicht unter Tage, sondern hoch hinauf auf den Bagger eines Tagebaus.

Zurück auf dem Platz wartet nach einem Abendessen im Bistro schon die gemütliche Sauna auf die Gäste – so lässt es sich leben! Die Sauna hat zwei Mal in der Woche geöffnet und kann nach Voranmeldung auch ganz privat genossen werden. In den Schulferien bietet der ganzjährig geöffnete Platz zudem jede Menge Aktivitäten für Kids an.

Erlebniscamping Lausitz · Am Bad 1 · 01990 Ortrand
Tel. 035755/55 35 09 · erlebniscamping-lausitz.eu
GPS: 51.37284, 13.77971

20 Abenteuer für Grenzgänger

WER AUF DER NEISSE UNTERWEGS IST, macht dabei eine Grenzerfahrung – und zwar im wahrsten Sinne des Wortes. Am anderen Ufer beginnt Polen, das macht das Neiße-Aktiv-Camp zum östlichsten Zeltplatz Deutschlands! Klar, dass ein Abstecher ins Nachbarland auf der To-Do-Liste ganz oben stehen muss. Jedes Jahr im Sommer, von Anfang Mai bis Ende September, entsteht hier auf der 1,5 Hektar großen Wiese ein freier Platz für sportliche Urlauber. Übrigens – Wohnmobile und andere Gefährte sind hier natürlich ebenfalls erlaubt. Parzellen gibt es nicht, es herrscht freie Platzwahl.

Der Name verrät es bereits: Hier geht es sportlich zu. Es gibt Boots- und Raftingtouren, einen Platz für Ballspiele und natürlich den nahen Fluss zum Erkunden. Das gelingt auch wunderbar vom Ufer aus, denn der Oder-Neiße-Radweg führt direkt am Camp vorbei. Auf dem Platz stehen einige Fahrräder zum Ausleihen parat. Auch lange Tagestouren sind möglich, denn das Camp bietet einen Hol- und Bringservice mit Fahrradtransport an. Ein außergewöhnlicher Sport, den man hier ausprobieren kann, ist das 3D-Bogenschießen. Das Camp hat hierfür einen eigenen Parcours aufgebaut. In der weiteren Umgebung locken die historischen Grenzstädte Görlitz und Bad Muskau. Letztere ist vor allem wegen des Fürst-Pückler-Parks unbedingt einen Abstecher wert. Geteilt durch die Neiße, erstreckt sich der kunstvoll angelegte Park auf einem riesigen Gelände bis hinüber nach Polen und wurde 2004 zum UNESCO-Welterbe ernannt.

Abends kommt auch ein noch so aktives Camp dann zur Ruhe, am Lagerfeuer können die Geschichten des Tages ausgetauscht werden. Morgens startet der Tag mit frischen Brötchen und es kann direkt weitergehen mit dem nächsten Abenteuer.

Neiße-Aktiv-Camp · Tormersdorfer Allee 1 (Görlitzer Str. 72)
02929 Rothenburg · Tel. 035891/18 99 93 · neisse-tours.de
GPS: 51.327811, 14.983229

↑ Austoben kann man sich direkt neben dem Platz, bei Ballspielen aller Art.
↓ Mit den Nachbarn kommt man hier schnell ins Gespräch.

↑ Rund um den Platz befindet sich das Kletterparadies.
↓ Auch Nicht-Kletterer kommen hier voll auf ihre Kosten.

21 Freies Klettern ohne freien Fall

FREE CLIMBING, ALSO KLETTERN ohne künstliche Hilfsmittel, wurde in Deutschland erfunden. Genauer, in der Sächsischen Schweiz! Vor 150 Jahren wurde der Falkenstein erstmals von Kletterern erschlossen – den Begriff Free Climbing gab es damals natürlich noch nicht. 1910 folgten dann die »Sächsischen Kletterregeln«, die bis heute gelten. So dürfen Seile nur zur Sicherung verwendet werden, die Fortbewegung am Felsen erfolgt rein durch eigene Körperkraft. Um den empfindlichen Sandstein zu schützen, darf etwa nach Regen nicht geklettert oder das Hilfsmittel Magnesia nicht verwendet werden.

Mit diesen Regeln ausgerüstet, stehen Kletterern heute rund 27 000 Kletterwege aller Schwierigkeitsgrade zur Verfügung. Einen Überblick über die verschiedenen Klettergebiete, Adressen von Kletterschulen und natürlich die Kletterregeln finden sich auf der Website des Tourismusverbands Sächsische Schweiz. Sollte das Wetter einmal nicht mitspielen, sind zwei Kletterhallen in Heidenau und Sebnitz vorhanden.

Die ersten sächsischen Freeclimber stammten übrigens aus dem Örtchen Bad Schandau am Rande des heutigen Nationalparks Sächsische Schweiz. Hier befindet sich auch die Kleine Bergoase, ein gemütlicher kleiner Platz mit herrlichem Blick auf das Kirnitzschtal. Der Platz ist ganzjährig geöffnet und bietet Ver- und Entsorgung. Es gibt moderne Sanitäranlagen, einen Grillplatz und eine Campingküche mit Holzofen. Müde Kletterer können in der platzeigenen Sauna entspannen. Die Sauna steht gegen Aufpreis zur Verfügung, auch Massagen können dazugebucht werden. Fürs Frühstück können Brötchen vorbestellt werden. Direkt vom Platz aus starten Wanderwege in den Nationalpark.

Tourismusverband Sächsische Schweiz · saechsische-schweiz.de
Kleine Bergoase Sächsische Schweiz · Obere Straße 19 · 01855 Sebnitz
Tel. 0176/22 90 65 38 · berg-oase.de · GPS: 50.935412, 14.211016

22 Schwindelfrei in der Höhle

DASS DIE SÄCHSISCHE SCHWEIZ EIN PARADIES für Kletterer ist, ist hinreichend bekannt. Doch nicht nur außen am Felsen kann man sich hier sportlich betätigen. In Deutschlands östlichstem Zipfel existieren weitläufige Höhlensysteme, die gleichfalls entdeckt werden wollen. Das geschieht am besten unter fachkundiger Anleitung, denn die Höhlentouren haben es in sich.

Das Team von Sächsische Schweiz Aktiv bietet verschiedene Höhlentouren für Einsteiger und Fortgeschrittene in der ganzen Region an. Je nach Level sollte man eine gewisse Fitness mitbringen, denn sowohl die Aufstiege zu den Höhlen als auch die Kraxelei in ihrem Inneren können ziemlich anstrengend werden. Festes Schuhwerk und Abenteuerlust gehören zudem mit zur Ausrüstung, denn wer ein echter Höhlenkletterer werden will, sollte schwindelfrei und nicht klaustrophobisch veranlagt sein. Nicht bei jeder Tour muss man sich jedoch durch enge Lücken im massiven Felsen quetschen, es gibt auch familien- und einsteigerfreundliche Touren, auf denen sogar Hunde mitgenommen werden dürfen.

Nach einer anstrengenden Kletterpartie ist es nicht mehr weit zum Übernachtungsplatz auf dem ganzjährig geöffneten Campingplatz Ostrauer Mühle. Idyllisch im Kirnitzschtal gelegen, kommt man hier wunderbar zur Ruhe. Die Umgebung lädt zum Wandern und Radfahren ein, und auch der Platz liegt am bekannten Malerweg, der sich durch die ganze Sächsische Schweiz schlängelt. Wer seine Füße schonen möchte, kann eine Fahrt mit der 100 Jahre alten Kirnitzschtalbahn unternehmen, eine Haltestelle befindet sich direkt vor Ort.

Sächsische Schweiz Aktiv · Cunnersdorfer Str. 13 · 01824 Gohrisch
Tel. 035021/59 70 27 · höhlentouren.com
Campingplatz Ostrauer Mühle · Ostrauer Mühle im Kirnitzschtal
01814 Bad Schandau · Tel. 035022/427 42 · ostrauer-muehle.de
GPS: 50.929941, 14.191478

↑ Oben angekommen wird man mit einem herrlichen Ausblick belohnt.
↓ Eine wohlverdiente Pause, bevor es weitergeht.

↑ Schon einmal richtig abgetaucht?
↓ Große Freiheit auf kleinem Raum

23 Neue Welten entdecken

TIEF LUFT HOLEN, NASE ZUDRÜCKEN, Augen zusammenkneifen und ab mit dem Kopf unter Wasser: Wer tauchen nur so kennt, dem entgeht eine ganze Welt. Die Welt unter der Wasseroberfläche ist aufregend und erst einmal ungewohnt. Es gibt jedoch so viel zu entdecken – und das nicht nur beim Schnorcheln im Urlaub! Alle, die diese neue Welt kennenlernen möchten, sind hier an der richtigen Adresse. Im Tauchcenter Steina nahe Dresden hat man dafür gleich einen »eigenen« See vor der Haustür. Der Hausteinsee ist ein stillgelegter und mit Grundwasser gefüllter Granitsteinbruch, in dem es bei jedem Tauchgang etwas Neues zu entdecken gibt.
Vom Anfänger bis zum Profi dürfen alle abtauchen, das Equipment und die Kurse bietet das Tauchcenter. Vom ersten Schnuppertauchen über Einsteiger- bis Fortgeschrittenenkurse, hier kann eine Taucherkarriere beginnen und ausgebaut werden. Das geht übrigens auch ohne Ausrüstung – Free Diving heißt die Sportart, bei der es ganz ohne Atemgerät in die Tiefe geht. Wer lieber an der Wasseroberfläche bleibt, der kann den See auch nur zum Schnorcheln nutzen. Oder einfach die schöne Umgebung genießen – wie wäre es zum Beispiel mit einem Ausflug in die Pfefferkuchenstadt Pulsnitz?
Gecampt wird direkt neben dem See – es gibt eine Wiese für Zelte sowie zwölf Stellplätze für Wohnmobile auf festem Untergrund. Eine Ver- und Entsorgung ist nicht vorhanden, dafür können jedoch Strom und die Sanitäreinrichtungen der Tauchschule mitgenutzt werden. Auf dem kleinen Gelände lernt man sich schnell kennen, schließlich dürften die meisten Gäste ein gemeinsames Hobby haben. Das verbindet. Spätestens beim abendlichen Lagerfeuer werden schnell neue Freundschaften geschlossen. Der Platz ist von Mai bis Anfang Oktober geöffnet.

Tauchcenter Steina · Pulsnitzer Str. 22 b · 01920 Steina
Tel. 035955/71 89 56 · tauchcenter-steina.de · GPS: 51.204947, 14.060111

24 Olympiareife Leistung

DER TRAUM VON OLYMPIA 2012 war schnell ausgeträumt, Leipzig bekam bekanntermaßen nicht den Zuschlag. Dennoch wurde der im Zuge der Bewerbung geplante Kanupark am Markkleeberger See nahe der Stadt fertiggestellt. Heute ist er eine der modernsten Wildwasseranlagen in Europa und kann sich mit denen in Sydney oder London vergleichen. Es gibt eine Wettkampf- und eine Trainingsstrecke, deren Wildwasser mittels Pumpen und Hindernissen erzeugt wird. Nach rasanter Fahrt bringen Förderbänder die Sportler wieder zurück zum Startpunkt, ohne Aussteigen oder Schlauchbootschleppen.

Doch nicht nur (zukünftige) Olympioniken, auch durchschnittlich sportliche Wasserratten ab zwölf Jahren sind hier willkommen. Beim Wildwasser-Rafting für jedermann geht es nach einer gründlichen Einweisung und Paddelübungen ordentlich zur Sache. Gar nicht so einfach, das Schlauchboot gemeinsam durch die Stromschnellen zu manövrieren! Wer lieber auf den Wellen reitet, kann das am Surfspot tun – die stehende Welle ist auch für Anfänger geeignet. Dem nassen Treiben entspannt zugucken, kann man von der KANU Wildwasser-Terrasse aus, die mit Speis und Trank sowie einem Panoramablick auf die Rafting-Strecke und den See lockt. Direkt neben dem Kanupark befindet sich der Zelt- und Campingplatz Markkleeberger See. Von dem voll ausgestatteten Platz aus lassen sich wunderbar Ausflüge unternehmen. Mit dem Rad um den See oder sogar bis in die Leipziger Innenstadt fahren? Kein Problem! Leckeres Essen im Anschluss an einen solchen Ausflug bietet die platzeigene Gaststätte mit Biergarten.

Kanupark Markkleeberg · Wildwasserkehre 1 · 04416 Markkleeberg
Tel. 034297/14 12 91 · kanupark-markkleeberg.com
Campingplatz Markkleeberger See · Paddelsteg 5 · 04416 Markkleeberg
Tel. 034297/14 30 53 · neuseenland-camping.com
GPS: 51.25856, 12.43022

↑ Anstrengende Action im Wildwasser

↓ Der Campingplatz hat von April bis Oktober geöffnet.

Neben den Baggern sehen sogar die Autos winzig aus.

25 Die Stadt aus Eisen

DIE ERDE BEBT. Langsam schiebt sich das achteinhalb Meter hohe Förderrad weiter, die riesigen Baggerschaufeln graben sich scheinbar mühelos in die Erde. Mit jeder Umdrehung landen hunderte Kilo Aushub auf dem Förderband, das diese Beute langsam zur Weiterverarbeitung transportiert.

Tatsächlich bewegt sich heute keiner der fünf ausgestellten Bagger von Ferropolis mehr. Doch beim Besichtigen der Ungetüme bekommt man einen Eindruck davon, wie sich die mächtigen Maschinen durch den Boden gefressen haben müssen. Eingesetzt in verschiedenen Tagebauen in Ostdeutschland stehen sie nun bei Gräfenhainichen, nördlich von Leipzig. Hier – also auch in einem ehemaligen Tagebau – haben sie ihre letzte Verwendung gefunden: Als Konzertkulisse und als Freilichtmuseum. Und vielleicht auch als Mahnmal dafür, wie der Mensch seine Umwelt ausbeutet? Allein die schiere Größe dieser Giganten ist ehrfurchtgebietend und so fühlt es sich zunächst seltsam an, auf ihnen herumzuklettern. Tatsächlich ist einer der Bagger, die »Medusa«, sogar per Aufzug und somit barrierefrei zugänglich.

Nur eine Viertelstunde entfernt, erwartet die Reisenden das Kontrastprogramm. Der Wörlitzer Park (siehe Kapitel 26) ist ein beeindruckendes Beispiel herrschaftlicher Gartenkunst. Der große Parkplatz vor den Toren des Parks bietet im hinteren Bereich Platz für 24 Wohnmobile. Die Stellplätze sind mit Strom ausgestattet, eine Versorgung mit Frischwasser und Zugang zu Toiletten und Duschen gibt es auch. Das Parkticket gibt es nicht am Automaten, es wird im Kiosk am Rand des Parkplatzes erworben.

Ferropolis · Ferropolisstraße 1 · 06773 Gräfenhainichen
Tel. 034953/351 25 · ferropolis.de
Caravanplatz Wörlitz (Parkplatz Wörlitzer Park) · Seespitze 25
06785 Oranienbaum-Wörlitz · Tel. 0173/316 45 47
GPS: 51.848960, 12.412640

26 Franzens Gartentraum

DAS HEUTIGE UNESCO-WELTERBE Gartenreich Dessau-Wörlitz haben wir einem ehrgeizigen und alle Lebensbereiche umfassenden Projekt zur »Landesverschönerung« zu verdanken. Fürst Leopold III. Friedrich Franz von Anhalt-Dessau begann ab 1765 damit, kunstvolle Gartenanlagen in Auftrag zu geben. Inspiriert von englischen Gärten und italienischer Architektur entstand hier so der erste Landschaftsgarten auf dem europäischen Festland.

Höhepunkt des Garten-Ensembles ist der Wörlitzer Park. Die fünf Gartenteile rund um den Wörlitzer See bilden ein Gesamtkunstwerk der Aufklärung, das bereits seit seiner Entstehung für jedermann zugänglich sein sollte. Bis heute ist der Eintritt in den Park kostenlos. Verschlungene Wege öffnen sich zu weiten Flächen und Sichtachsen, die Fotografenherzen höherschlagen lassen. Doch nicht nur zu Fuß kann man das weitläufige Gelände erkunden. Auch Gondelfahrten gibt es, sind doch die größeren Gewässer des Parks durch Kanäle miteinander verbunden. Wem die Umrundung des Sees zu Fuß zu weit ist, kann die Abkürzung mit der handbetriebenen kleinen Fähre nehmen. Unbedingt sehenswert sind außerdem die Gebäude des Parks. Schloss Wörlitz ist das erste klassizistische Bauwerk Deutschlands und auch das Gotische Haus war zur Zeit seiner Erbauung ein Vorreiter.

Der große Parkplatz vor den Toren der Anlage bietet im hinteren Bereich Platz für 24 Wohnmobile. Die Stellplätze sind mit Strom ausgestattet, eine Versorgung mit Frischwasser und Zugang zu Toiletten und Duschen gibt es ebenfalls. Das Parkticket ist nicht am Automaten erhältlich, die Gäste bekommen es im Kiosk am Rand des Parkplatzes.

Wörlitzer Park · gartenreich.de
Caravanplatz Wörlitz (Parkplatz Wörlitzer Park) · Seespitze 25
06785 Oranienbaum-Wörlitz · Tel. 0173/316 45 47
GPS: 51.848960, 12.412640

↑ Eine wahrhaftig traumhafte Anlage ist hier entstanden.
↓ Kulinarik, Kultur und Camping – hier geht alles zusammen.

↑ Der ungewöhnliche Jahrtausendturm ist das Wahrzeichen des Parks.
↓ Campen mit Blick auf die Skyline von Magdeburg

27 Nicht nur grün ...

... SONDERN BUNT UND VIELFÄLTIG ist das Angebot im Magdeburger Elbauenpark. Auf dem weitläufigen Gelände kann man locker einen ganzen Tag verbringen, denn für alle Geschmäcker ist etwas dabei. Naturliebhaber können sich an den verschiedenen Themengärten und Blumenschauen erfreuen. Ein Tipp: Ungefähr Mitte April blühen hier über 100 verschiedene Tulpensorten! Für Entdecker gibt es den Jahrtausendturm. Der ist nicht etwa 1000 Jahre alt, sondern beschreibt 6000 Jahre Wissenschafts- und Technikgeschichte. Von der römischen Fußbodenheizung bis zur Alchemistenküche können die allermeisten Ausstellungsstücke interaktiv entdeckt werden. Sogar Adrenalinjunkies kommen hier auf ihre Kosten. Direkt vom Jahrtausendturm aus startet nämlich die parkeigene Zipline. Mit über 50 Stundenkilometern geht die Fahrt einmal über das Parkgelände und endet – wie passend – im Kletterpark. Auch im Winter lohnt sich ein Besuch. Dann ist die Zeit der Lumagica: Dies ist ein Lichterparcour, der Teile des Parks für kurze Zeit in eine Welt voller Magie und Fabelwesen verwandelt.
Zum Abstellen des Wohnmobils ist der Parkplatz Messegelände P1 empfehlenswert. Es besteht außerdem die Möglichkeit, direkt vom Stellplatz am Jachthafen rund zwei Kilometer an der Alten Elbe entlang zum Park zu laufen. Der ganzjährig geöffnete Stellplatz wurde 2017 auf einer Insel gegenüber der Altstadt eingerichtet. Hier gibt es 32 Stellplätze, Ver- und Entsorgung sowie Duschen und Strom – was jeweils extra kostet. Dieser Stellplatz bietet eine schöne Aussicht, schnellen Zugang zur Stadt Magdeburg und liegt zugleich wunderbar idyllisch am Wasser.

Elbauenpark – Parkplatz Messegelände P1 (nur parken) · Tessenowstraße
39114 Magdeburg · GPS: 52.133368, 11.673422
Wohnmobilstellplatz am Winterhafen · Am Winterhafen 1
39114 Magdeburg · stellplatzamwinterhafen.de
GPS: 52.125424, 11.649406

28 Adrenalin pur im Harz

EIN WAHRHAFT UNVERGESSLICHER BLICK auf das Rappbodetal mitten im Harz eröffnet sich hier – vor allem schwindelfreien Zeitgenossen. Die Hängeseilbrücke Titan-RT spannt sich auf gut 450 Metern einmal quer über das Tal und bietet fantastische Aussichten und Nervenkitzel in einem. Passieren kann den Besuchern hier natürlich nichts, die gewaltigen Tragseile halten die Brücke auch bei stärkerem Wind zuverlässig in Position. Ein bisschen schwanken kann sie jedoch schon und spätestens beim Blick gen Boden geht der Griff bestimmt zum Geländer: Durch die Laufgitter hat man auch nach unten einen freien Blick in das 100 Meter tiefe Tal.
Noch ein Stückchen höher hinauf geht es auf den Aussichtsturm am Beginn der Brücke. Von hier aus startet die Megazipline, die Besucher über die Hängebrücke und das Tal trägt. Wer jetzt immer noch nicht genug Adrenalin ausgeschüttet hat, für den bietet die GigaSwing unterhalb der Brücke den ultimativen Kick. Gesichert im Tragegurt, geht es bei diesem Pendelsprung allein oder im Tandem fast 75 Meter in die Tiefe, bevor man sanft auspendelt und wieder eingeholt wird. Verglichen damit, ist der anschließende Spaziergang über die Brücke ein Kinderspiel.
Zum Übernachtungsort ist es nicht weit, in Laufnähe (ca. 1,5 Kilometer) zum Eingang der Brücke befindet sich der Camping- und Stellplatz »An der Talsperre«. Auf dem voll ausgestatteten Platz kommen auch größere Camper gut unter. Den Spaziergang zur Titan-RT kann man gleich mit einem Ausflug in die Umgebung verbinden. Das Bodetal bietet eine Vielzahl von schönen Wander- und Radtouren.

Hängeseilbrücke Titan-RT · Rappbodetalsperre an der L96
38889 Oberharz am Brocken · Tel. 039454/209 00 · titan-rt.de
Camping- und Stellplatz »An der Talsperre« · Oberbecken 1 · 06502 Thale
Tel. 039456/569 50 · campingstellplatz-talsperre.de
GPS: 51.735357, 10.906824

↑ Direkt am Abgrund – oder schon einen Schritt weiter?
↓ Vom Stellplatz aus gibt es viele Wandermöglichkeiten.

↑ Die malerische Unstrut ist ein Paddel-Paradies.
↓ Brötchen für's Frühstück gibt es auf dem Platz.

29 Paddeln, Rätseln und Schlemmen

KNAPP 200 KILOMETER LANG IST SIE, die Unstrut, ein Nebenfluss der Saale. Sie schlängelt sich durch Felder und Auen, an Weinbergen und Schlössern entlang. Ruhig und gleichmäßig fließend ist sie perfekt geeignet für entspannte Kanutouren. Den idealen Start- oder besser Endpunkt dieser Touren bietet der Campingplatz von Outdoor Aktivreisen. Direkt am Ufer der Unstrut gelegen, freut man sich, wenn man nach einem Tag auf dem Wasser sein Wohnmobil vom Fluss aus bereits erspähen kann.

Die angebotenen Halb- und Ganztagstouren sind familientauglich und beinhalten alles, was man für ein gelungenes Paddelvergnügen braucht. Neben Schwimmwesten und einem Transfer zum Start gibt es natürlich auch eine Einweisung und Tipps für die Strecke. Das Tempo darf so gemütlich sein wie der Fluss selbst – doch das abendliche Grillen sollte man nicht verpassen. Immer freitags und auf Wunsch wird hier ein leckeres Grillbuffet gezaubert. Der passende regionale Wein wird ebenfalls dazu serviert. Neben den Muskeln dürfen hier auch die Hirne arbeiten. Die »findAbox« ist eine Mischung aus Geocaching, Escape Game und Strategiespiel – mit bis zu sieben Personen kann hier gemeinsam gerätselt werden. Los geht's auf dem Platz und schon nach einer kurzen Strecke beginnt das Abenteuer – von dem hier nicht zu viel verraten werden soll.

Der kleine Campingplatz bietet Raum für etwa 30 Wohnmobile und ebenso viele Zelte, die sich frei auf der Wiese am Flussufer verteilen dürfen. Im kleinen Shop gibt es allerlei Leckereien und auf Wunsch wird ein Picknickkorb für die Wanderung in die Umgebung vorbereitet.

Campingplatz Outtour Aktivreisen · Zur Unstrut 55
06636 Laucha an der Unstrut · Tel. 034462/60 19 51
outtour.de · GPS: 51.245434, 11.656176

30 Polarlichter im Osten

DEN STERNEN GANZ NAH und das am helllichten Tag? Das Zeiss-Planetarium in Jena ist das weltweit betriebsälteste seiner Art. Als es 1926 eröffnet wurde, war es zwar nicht das erste in Deutschland, zeitgleich entstanden drei weitere. Nach Ende des Zweiten Weltkriegs blieb es jedoch als einziges übrig und ist somit das weltweit älteste Großplanetarium. In der Zwischenzeit gab es natürlich einige bauliche Änderungen und Modernisierungen, doch die Idee blieb gleich: Den Menschen den Nachthimmel auf die Erde holen und erklären.

Einmal die Polarlichter sehen, das steht bei vielen Menschen sehr weit oben auf der To-Do Liste. Normalerweise ist das in unseren Breiten eher selten möglich, im Planetarium dagegen ist es kein Problem. Das ganze Weltall steht den Besuchern offen. Von der Geschichte der Astronomie bis zu einer Reise durch unser Sonnensystem – die ganze Familie kann hier noch etwas lernen und ehrfürchtig staunen. Etwas lauter geht es bei den Musikshows zu. Unter dem Motto »The Show must go on« feiert das Planetarium die vielleicht größte Band aller Zeiten: Die Queen-Show in der 360-Grad-Kuppel mit den größten Hits der Band ist nicht nur etwas für ausgesprochene Fans.

Am besten bewegt man sich in Jena mit den »Öffis« oder dem Fahrrad. Der voll ausgestattete ruhige Campingplatz »Unter dem Jenzig« liegt schön im Grünen, dennoch ist die Stadt in weniger als einer halben Stunde erreicht. Die Straßenbahnhaltestelle liegt direkt vor der Tür, somit ist der Platz die perfekte Basis für einen kleinen Städtetrip. Mit Saale-Radweg und Freibad nebenan bietet er auch sportliche Freizeitmöglichkeiten.

Zeiss-Planetarium Jena · Am Planetarium 5 · 07743 Jena
Tel. 03641/88 54 88 · planetarium-jena.de
Campingplatz »Unter dem Jenzig« · Am Erlkönig 3 · 07749 Jena
Tel. 03641/66 66 88 · jenacamping.de · GPS: 50.935339, 11.608721

↑ Von außen eher unscheinbar offenbart sich das Magische erst im Inneren.
↓ »Slow Camping« ist das Motto des kleinen Platzes.

↑ Ein Stück der ehemaligen Mauer wurde hier bewahrt.
↓ Das Museum bietet Einblicke in die deutsch-deutsche Geschichte.

31 Erinnern, Lernen, Begegnen

MIT DER EHEMALIGEN TEILUNG DEUTSCHLANDS sind bis heute viele Emotionen verbunden, unabhängig davon, ob man die Zeit bewusst erlebt hat. Getrennte Familien in Ost und West, keine Reisefreiheit innerhalb des eigenen Landes, all das ist für uns heute kaum noch vorstellbar.

Im Grenzmuseum Schifflersgrund nahe Kassel kann man bis heute hautnah erleben, wie es sich damals angefühlt haben muss. Die Grenze zwischen Ost- und Westdeutschland wurde als Teil des »Eisernen Vorhangs« scharf bewacht. Ein Teil des ehemaligen Grenzzauns steht noch, heute kann man sich ihm gefahrlos nähern. In der Ausstellung erfährt man, dass unweit des Museums ein Mensch beim Versuch, die Grenze zu überwinden, erschossen wurde. Mit diesem Wissen betrachtet man den doch eher unscheinbaren Grenzbeobachtungsturm am Museum mit anderen Augen. Als eines der ersten deutschen Grenzmuseen öffnete das Museum bereits 1991 seine Tore für Besucher. Seitdem hat sich hier auch ein Ort des Lernens etabliert, der spannende Bildungsangebote für Schüler, Zeitzeugengespräche und Projekttage anbietet. Wechselnde Ausstellungen und Filmvorführungen runden das Multimedia-Angebot ab.

Direkt am Grenzmuseum befindet sich der eigene Wohnmobil- und Wohnwagenstellplatz. Es gibt Strom und Wasseranschluss, eine Entsorgung ist ebenfalls möglich. Man steht herrlich ruhig und abgelegen. Die Umgebung lädt zum Wandern und Entdecken des ehemaligen Grenzgebiets ein. Ein Tipp: Eine kurze Wanderung von sechs Kilometern führt hinauf auf die Teufelskanzel und wird mit einem tollen Ausblick und der Einkehr in einer urigen Berghütte belohnt.

Grenzmuseum Schifflersgrund · Platz der Wiedervereinigung 1
37318 Asbach-Sickenberg · Tel. 036087/984 09 · grenzmuseum.de
GPS: 51.28478, 9.99528

MOBBY DICK

West-deutschland

Bully-Parade auf dem Campingplatz

32 Geschichte zum Anfassen

EIN KLEINES DORF, streng genommen bestehend aus nur drei Anwesen, in dem die Zeit stehengeblieben ist: Im Rhöner Museumsdorf in Tann können Besucher erleben, wie die Bewohner dieser Region vor 200 Jahren gelebt und gearbeitet haben. Die heute schick anzusehenden Fachwerkhäuser sollten dabei nicht darüber hinwegtäuschen, dass das Leben damals gerade für die Landbevölkerung sehr entbehrungsreich war. Gleich nebenan ist das Naturmuseum, das mit einem Kombiticket ebenfalls besucht werden kann. Von der Eiszeit bis heute werden hier die tierischen Bewohner der Rhön vorgestellt. Beide Museen haben von April bis Oktober geöffnet.

Das ganze Jahr über lädt der anerkannte Luftkurort Tann (Rhön) zum Entdecken ein. Nicht nur die kleine Innenstadt mit ihrem Schloss und den historischen Gebäuden ist einen Spaziergang wert. Vor den Toren des Städtchens geht es gleich hinaus auf den Vulkanschlot Habelstein, von dessen Plattform aus man einen tollen Blick in die Umgebung genießen kann. Für Wanderer ideal sind zudem die Tanner Rhön-Rundwege, die von der Stadt aus in die Umgebung führen – und wieder zurück. Es gibt sie in allen Längen und sie sind damit auch für Familien geeignet. Nordic-Walking-Strecken und Fahrradrouten werden bestimmt sogar den letzten Sportmuffel hinaus in die herrliche Natur locken.

Auf dem Wohnmobilstellplatz »Am Unsbach« stehen die Camper in ruhiger Lage an einem Flüsschen neben der Altstadt. Der Platz ist ganzjährig geöffnet und bietet neben Ver- und Entsorgung auch Strom und WLAN. Sanitäranlagen gibt es nicht, daher ist er nur für autarke Wohnmobile zugelassen.

Rhöner Museumsdorf Tann · Schloßstraße 3 · 36142 Tann (Rhön)
Tel. 06682/89 77 · tann-rhoen.de
Wohnmobilstellplatz »Am Unsbach« · 36142 Tann (Rhön)
Tel. 06682/96 11 12 · GPS: 50.641169, 10.018817

↑ **Eine Zeitreise in die Vergangenheit**
↓ **Mitten im Grünen steht man hier auf ebenen Stellplätzen.**

33 Tempus fugit – die Zeit rennt

DAS BESCHAULICHE STÄDTCHEN ROTENBURG steht kurz vor einer schrecklichen Katastrophe! Ein Atommüll-Transport ist schiefgegangen, die Kühlung ist ausgefallen und alles droht zu explodieren! Brenzlig wird die Situation auch bei der Bekämpfung des Hessengräbers, einer giftigen Raupe, die sich rasend schnell im Wald ausbreitet. Nun hängt alles von Geschick und Teamgeist der Retter ab. Um zum Ziel zu kommen, müssen bei dieser Outdoor-Variante des Escape Rooms unter Zeitdruck Hinweise gesucht und richtig kombiniert werden. Nur wer innerhalb der knappen Zeitspanne alle Aufgaben löst, kann das Schlimmste verhindern. Bei Escape Forest gibt es dabei verschiedene Spielmöglichkeiten an den Orten Rotenburg, Melsungen und Spangenberg. Die historischen Altstädte und verwunschenen Wälder der Gegend sind dabei die Kulissen für spannende Abenteuer. Von mittelalterlichem Hexenprozess über Umweltprobleme bis hin zur Rettung von

Einem Paddelausflug steht hier nichts im Wege.

Schneewittchen ist für Teilnehmer jeden Alters etwas dabei. Sollte das Wetter einmal gar nicht mitspielen, können einige Rätselfälle auch innerhalb von vier Wänden gelöst werden. Die Spiele sind für 2 bis 30 Personen ausgelegt.
Zur Übernachtung bietet sich der schnuckelige Campingplatz in Rotenburg an der Fulda an. Auf gepflegten Grünflächen kann man hier von April bis Oktober teilweise direkt am Fluss stehen. Das Städtchen selbst ist bequem zu Fuß zu erreichen. Für die Erkundung des Flusses stehen Tretboote zum Ausleihen bereit und für das leibliche Wohl gibt es eine nagelneue Bar mit Biergarten und eigenem Foodtruck. Um zum Ziel zu gelangen, wird empfohlen, zunächst zum Posthotel zu fahren und hinter diesem auf den Campingweg zum Platz abzubiegen. Eine genaue Beschreibung mit Karte befindet sich auf der Website des Platzes.

German Quest Events · Rotenburger Straße 12
36199 Rotenburg an der Fulda · Tel. 06623/91 97 20
escape-forest.de · GPS: 51.003155, 9.691852
Campingplatz Rotenburg an der Fulda · Campingweg 4
36199 Rotenburg an der Fulda · Tel. 06623/55 56 · campingplatz-rof.de
GPS: 50.993300, 9.743057

Teamwork und gute Ideen sind gefragt, um die Rätsel zu lösen.

34 Tanz auf dem Vulkan

ES SIEHT SO ELEGANT AUS, wie die Windsurfer über den See gleiten. Doch wie bei fast jeder Sportart erfordert es doch Muskeln, Geschick und die richtige Technik, um es einfach aussehen zu lassen. Egal, ob blutige Anfänger oder alte Hasen, auf dem Campingplatz am Nieder-Mooser See zwischen Frankfurt und Fulda dürfen alle aufs Wasser. Die Surfschule befindet sich direkt auf dem Platz, einem Schnupperkurs steht also nichts im Wege. Erfahrene Surfer können sich hier auch ihre Ausrüstung leihen.

Neben den möglichen Aktivitäten rund um den See besticht vor allem die Umgebung der Vulkanregion. Der über 80 Kilometer lange Vulkanradweg verläuft in der Nähe des Platzes und ist nicht nur bei Fahrradfahrern beliebt. Er verläuft weitgehend auf der Trasse der ehemaligen Oberwaldbahn, ist fein asphaltiert und hat eine maximale Steigung von drei Prozent. Damit ist er nicht nur die perfekte Einsteiger-Strecke, für Longboards und Inlineskates ist er ebenfalls bestens geeignet! Natürlich kann man auch direkt vom Platz aus auf den Vulkanring-Wanderweg starten. Er führt einmal um Europas größten erloschenen Vulkan, den Vogelsberg, herum. »Nur« um den See herum führt dagegen eine abwechslungsreiche Schnitzeljagd – heute heißt das Geocaching. Das nötige GPS-Gerät und eine Einweisung gibt es an der Rezeption. Wer noch einen Städtetrip einbauen möchte, kann das nur 30 Minuten entfernte Fulda besuchen. Die Altstadt mit Stadtschloss und umgebendem Park ist nicht groß, aber sehr sehenswert. Noch mehr Pomp und Glanz gibt es im Barockschloss Fasanerie in Eichenzell zu bestaunen.

Auf dem großen Platz ist von Mini-Markt und Restaurant bis zur Feuerstelle an alles gedacht. An Letzterer kann abends der selbst geangelte Fisch verzehrt werden. Ein Hinweis noch für Hundebesitzer: Die Vierbeiner dürfen nicht im See schwimmen.

Campingplatz Nieder-Mooser See · Am Camping 1 · 36399 Freiensteinau
Tel. 06644/14 33 · camp-erlebnis.de · GPS: 50.466186, 9.372990

↑ Perfekte Bedingungen für Segler und andere Wassersportler
↓ Der Platz ist sehr beliebt, eine Reservierung ist sinnvoll.

↑ Auch mehrere Saunen gibt es in der Ferienanlage.
↓ Auf dem Stellplatz nebenan kommen Kurzurlauber unter.

35 Auf den Schwingen des Habichts

VERSTECKT AM RANDE DES DORFES BALHORN, westlich von Kassel, liegt angrenzend an Felder und Wälder eine kleine Luxus-Oase. Die Fünf-Sterne-Ferienanlage Erzeberg bietet auf drei Hektar Grund alles, was man für einen entspannten Urlaub braucht. Der Platz liegt in einer Sackgasse; es herrscht also kein Durchgangsverkehr, sondern herrliche Ruhe. Das eigene Hallenbad mit schickem Wellnessbereich reicht bereits aus, um den Aufenthalt hier zu etwas ganz Besonderem zu machen.

Wer nicht nur auf der faulen Haut liegen möchte, findet in der direkten Umgebung ausreichend Wander- und Sportmöglichkeiten. Der Premiumwanderweg Habichtswaldsteig und weitere Wanderwege verlaufen nur wenige hundert Meter vom Platz entfernt. Etwas flotter auf Schusters Rappen die hügelige nordhessische Wald- und Kulturlandschaft erkunden, das kann man auch auf den Nordic-Walking-Strecken, die ebenfalls in der Nähe des Platzes zu finden sind. Neben den grünen »Bergen« gibt es auch blaue Seen in der Region, die einen Ausflug wert sind. Der große Edersee ist mit zahlreichen Attraktionen touristisch gut erschlossen. Rund um den kleineren Twistesee erstreckt sich eine ausgezeichnete Marathonstrecke für alle, die ihre Schuhe noch nicht genug strapaziert haben. Hier finden mehrmals jährlich Läufe statt – den ganz Harten sei hier der Adventsmarathon empfohlen.

Zurück auf dem Platz muss man sich nicht mehr viel bewegen, ein Restaurant befindet sich direkt vor Ort und auch zum Einkaufen ist es nicht weit. Für autarke Kurzurlauber gibt es einen eigenen Wohnmobilstellplatz, die Annehmlichkeiten des Campingplatzes dürfen mitgenutzt werden.

Ferienanlage Erzeberg · Birkenstraße 21 · 34308 Bad Emstal
Tel. 05625/52 74
camping-kassel-bad-emstal-ferienhaus-mit-hund-wellness.de
GPS: 51.268656, 9.252755

36 Das Leben ist kein Ponyhof …

… **IST ES WOHL! ZUMINDEST HIER** in Nordhessen, zwischen Kassel und Paderborn, im »Reiterparadies Campingpark«. Der Name ist gut gewählt, denn wer das Glück dieser Erde auf dem Rücken der Pferde vermutet, wird hier einen fantastischen Urlaub verbringen!

Auf dem großen Campingpark mit angrenzendem Gutshof dreht sich alles um die Vierbeiner. Über 120 Ponys und Pferde sind hier zu Hause und dürfen sich auf vielen Hektar Land austoben. Für Kinder gibt es verschiedene, je nach Können sortierte Reitgruppen. Dabei wird ohne Sattel auf den braven Ponys geritten. Zusätzlich gibt es viele Aktivitäten rund um die Ponys, bei denen auch der richtige Umgang mit den Tieren spielerisch erlernt wird. Für Erwachsene stehen Großpferde bereit. Um zu gewährleisten, dass Pferd und Reiter sicher unterwegs sind, dürfen alle erst nach einem Vorreiten ins Gelände.

Ein Highlight für diejenigen, die etwas länger bleiben: Ab zwei Wochen Aufenthalt kann man ein eigenes Pflege-Pony mit auf den Stellplatz nehmen und dort streicheln, striegeln und betüddeln. Campinggäste dürfen kostenlos reiten, nur der Reitunterricht wird in Rechnung gestellt.

Doch nicht nur Pferdefreunde, auch »normale« Urlauber kommen hier voll auf ihre Kosten. Der Platz liegt am Rande des Reinhardswaldes und bietet jede Menge Wander- und Radfahrmöglichkeiten. Bei einem leckeren Kuchen im Hofcafé lassen sich entspannt die nächsten Abenteuer planen. Wie wäre es mit einem Ausflug in die documenta-Stadt Kassel? Ein besonderes Highlight ist hier der weltweit einmalige Bergpark Wilhelmshöhe mit seinen Pflanzen, Museen und Wasserspielen.

Reiterparadies Campingpark · Teichweg 1 · 34396 Liebenau
Tel. 05676/15 09 · reiterparadies-campingplatz.de
GPS: 51.480628, 9.300264

↑ Lust auf Abwechslung? Ab nach Kassel!

↓ Auf dem parkähnlichen Gelände ist viel Platz für Pferd und Mensch.

↑ Die Stellplätze können nicht reserviert werden – einfach anfahren.
↓ Der Platz befindet sich am Stadtrand von Willingen.

37 Mehr erleben – mitten in Deutschland

WANDERWELT, RADLERPARADIES, WINTERSPORT – auf jeden Fall viel Zeit in der Natur verbringen: Dafür steht die Gemeinde Willingen in Nordhessen. Mit dem gleichnamigen Wohnmobilpark am Rande des kleinen Städtchens besteht hier der perfekte Ausgangspunkt für Unternehmungen aller Art. Dank winterfester Stellplätze kann man den Platz zu jeder Jahreszeit anfahren, reservieren muss man vorher nicht. Kaum ist das rollende Zuhause geparkt, kann es eigentlich schon losgehen.

Mit dem Ettelsberg vor der Nase ist die Richtung der ersten Wanderung schon vorgegeben. Oben angekommen, geht es noch weiter hinauf – nach 241 Treppenstufen erreicht man die Aussichtsplattform des Hochheideturms und hat einen fantastischen Rundumblick über die bewaldeten Berge. Eine Berghütte zur Einkehr gibt es auch und wer die Abkürzung nehmen möchte, den bringt die Seilbahn hoch aufs Plateau. Für Mountainbiker bietet der Bike Park Willingen die Möglichkeit, sich so richtig auszupowern.

Im Winter ist es nicht weit zum Skilift, die Piste kann vom Platz aus schon einmal in Augenschein genommen werden. Pirouetten drehen sollte man nicht auf der Piste, sondern in der Eissporthalle, die direkt neben dem Platz liegt. Hier befinden sich auch die Duschmöglichkeiten, denn der Platz selbst verfügt nur über zwei WCs.

Das waren nur einige der unzähligen Freizeitmöglichkeiten, die einen Kurztrip nach Willingen gerne mal länger als geplant werden lassen. In der Touristeninformation, die direkt neben dem Stellplatz liegt, gibt es viele weitere Tipps. Mit Brötchenservice und Einkaufsmöglichkeiten in kurzer Distanz zum Platz ist man auf über 50 Stellplätzen rundum bestens versorgt.

Wohnmobilpark Willingen (Upland) · Am Hagen 8
34508 Willingen (Upland) · Tel. 05632/96 07 19
wohnmobilpark-willingen.de · GPS: 51.289726, 8.613126

38 Mathe für alle

MATHEMATIK – WER IN DER SCHULE schon versuchte, die Stunde möglichst schnell und unauffällig zu überstehen, der sollte das Mathematikum in Gießen besuchen! Denn mit dem Schulunterricht hat dieses interaktive Museum wirklich nichts zu tun. Mathematik zum Anfassen und für jedermann: Frei nach diesem Motto können auch Mathe-Muffel die Liebe zu dieser Wissenschaft entdecken. Denn Mathematik steckt in allen Dingen unseres Alltags und ist so viel mehr als addieren und multiplizieren! In einer riesigen Seifenblase stehen oder eine Brücke aus einfachen Holzlatten bauen – auch wer meint, ein Händchen für Knobelaufgaben zu haben, kommt hier ganz schön ins Schwitzen. Die Mitmachstationen sprechen alle an, ob groß oder klein. Wer daheim seine grauen Zellen trainieren möchte, der findet auf der Website des Museums Experimente zum Nachbauen und Ausprobieren. Der nächste fürs »Womo« geeignete Parkplatz ist der öffentliche Parkplatz der Stadtwerke Gießen. Von hier aus sind es nur zehn Minuten zu Fuß zum Museum. Zum Übernachten geht es ins wenige Kilometer entfernte Wetzlar. Der Stellplatz des Goethe-Campings in der Falkenstraße ist voll ausgestattet und liegt am Rande der romantischen Altstadt. Direkt an einem kleinen Flüsschen gelegen, kann man hier auf geschotterten Plätzen ganzjährig stehen. Lust auf etwas mehr Sport? Eine Kanutour auf der nahen Lahn kann auf der Website des Stellplatzes gleich mitgebucht werden. Der Bahnhof Wetzlar mit Verbindung nach Gießen – das Mathematikum liegt am Hauptbahnhof Gießen – ist ebenfalls schnell erreicht.

Mathematikum Gießen · Liebigstraße 8 · 35390 Gießen
Tel. 0641/13 09 10 · mathematikum.de
Parkplatz Stadtwerke Gießen · Lahnstraße 31 · 35398 Gießen
GPS: 50.585020, 8.664035
Goethe Camping Wetzlar – Wohnmobilstellplatz Falkenstraße
Falkenstraße 30 · 35576 Wetzlar · Tel. 0151/14 11 18 14
goethe-camping.com · GPS: 50.556730, 8.491140

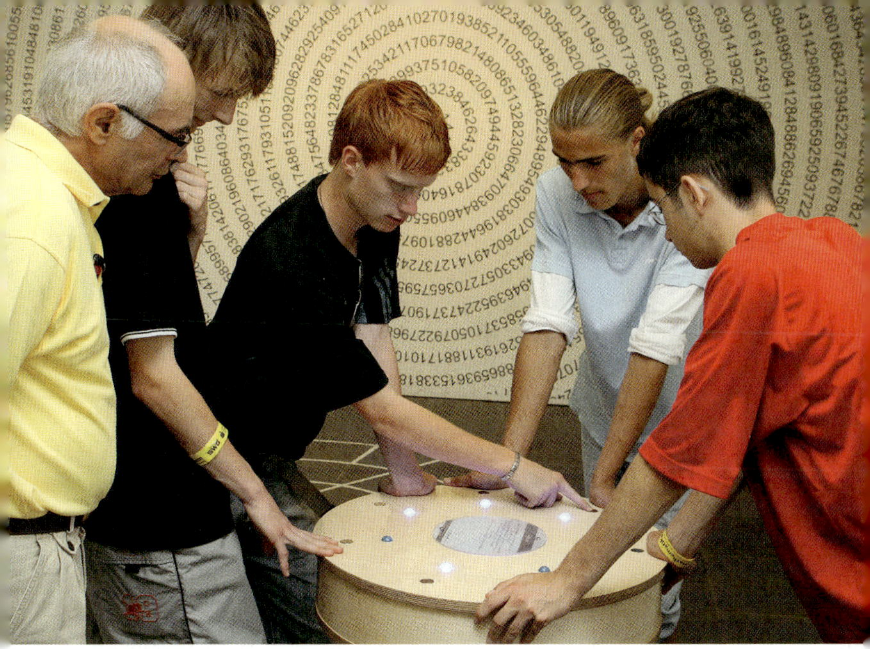

↑ Hier müssen alle zusammen tüfteln.

↓ Schon Goethe wusste das schöne Wetzlar zu schätzen.

↑ Auch Viehhaltung gehört zum Museum dazu.

↓ Der Spaziergang mit dem Hund kann gleich am Stellplatz starten.

39 Karl der Große in der Kleinstadt

EXPERIMENTALARCHÄOLOGIE – hinter diesem sperrigen Begriff versteckt sich ein spannendes Konzept: Der Nachbau eines frühmittelalterlichen Dorfes als Eins-zu-eins-Modell, um das Leben zu dieser Zeit nachvollziehbar zu machen und wissenschaftlich zu untersuchen. Mit dem Freilichtlabor Lauresham in Lorsch wurde dieser Traum von Archäologen Wirklichkeit. »Selbst anpacken« ist hier die Devise, das gilt auch für die Besucher. Bei vielen verschiedenen Workshops – von Baukunst und Buchmalerei bis zu Filzen und Färben – werden die Techniken der damaligen Zeit erklärt und selbst angewendet. Dabei wird klar, wie vielfältig die (Handwerks-)Kunst im Mittelalter war. Klar wird allerdings zudem, wie aufwendig es ist, ein Buch Seite für Seite von Hand zu schreiben!

Auf dem großen Areal des UNESCO-Welterbes Kloster Lorsch gibt es neben dem Freilichtlabor auch noch das Königskloster, das seinen Status Karl dem Großen verdankt, der hier ebenfalls bereits zu Besuch war. Weiterhin sind eine Zehntscheune und Überreste eines zweiten Klosters zu sehen. All dies auf einem 24 Hektar großen Gebiet, dessen Erkundung sicher einige Zeit in Anspruch nehmen wird. Am besten startet man den Rundweg im Besucherinformationszentrum, hier können außerdem die Führungen gebucht werden.

Der Stellplatz Lorsch liegt nur einen Katzensprung vom Gelände des Freilichtlabors und Klosters entfernt. Auf 16 Stellplätzen mit Ver- und Entsorgung sowie Strom steht man verkehrsgünstig und doch ruhig am Rande des Städtchens. Die Parkgebühr wird am Automaten bezahlt. Kartenzahlung ist möglich. Für Strom und Wasser werden Münzen benötigt. Es können keine Platzreservierungen vorgenommen werden – einfach anfahren.

Museumszentrum Lorsch · Nibelungenstraße 32 · 64653 Lorsch
Tel. 06251/10 38 20 · kloster-lorsch.de
Wohnmobilstellplatz Lorsch · Odenwaldallee/Ecke Heppenheimer Straße
64653 Lorsch · GPS: 49.6526510, 8.5783430

40 Beine bis zum Hals

WER WIRD DENN GLEICH DEN KOPF in den Sand stecken? Die als Vogel-Strauß-Taktik bekannte Art, die Augen vor einer drohenden Gefahr zu verschließen, wird dem großen Tier zu Unrecht angedichtet. Tatsächlich sind Strauße Fluchttiere, die extrem schnell unterwegs sein können, wenn es sein muss. Sollte es keine Möglichkeit zur Flucht geben, wird allerdings auf Angriff umgeschaltet – ein guter Grund, um einen gehörigen Sicherheitsabstand zu den imposanten Tieren zu halten. Auf dem Straußenhof Möller in der Nähe von Detmold kann man seit 2020 gleich eine ganze Gruppe Strauße – genauer: Afrikanische Blauhalsstrauße – antreffen. Strauße sind nicht die einzigen ungewöhnlichen Tiere, die es Familie Möller angetan haben. Einige Alpakas lassen es sich hier ebenfalls gut gehen. Im Gegensatz zu den gefiederten Bewohnern dürfen die Besucher bei ihnen auch auf Tuchfühlung gehen. Nach einer Wanderung mit den putzigen Tieren fällt es schwer, den Stall wieder zu verlassen. Doch auch ohne tierische Begleitung kann man die Gegend erkunden. Wie wäre es zum Beispiel mit einem Ausflug an den nahen Norderteich? Das angrenzende Landschaftsschutzgebiet bietet viele Möglichkeiten für Wanderer und Radfahrer.

Auf der großen Camper-Wiese neben dem Freigehege können aktuell drei autarke Wohnmobile stehen, Strom oder Wasseranschluss gibt es nicht. Über die Website kann man die Plätze bequem reservieren. Mit etwas Glück hat der geschäftige Inhaber sogar Zeit für einen kleinen Rundgang durch den Stall mit Straußenfütterung. Da hier auch gezüchtet wird, stehen die Chancen im Sommer nicht schlecht, den flauschigen Nachwuchs zu Gesicht zu bekommen. Neben einem XXL-Frühstücksei erhalten die Gäste im Hofladen Straußen-Eierlikör und Straußen-Frischeinudeln.

Straußenhof Möller · Billerbecker Str. 61 · 32805 Horn-Bad Meinberg
Tel. 0151/2637 61 89 · straussenhof-moeller.de · GPS: 51.89171, 9.05721

↑ So nah sollten die Besucher den großen Tieren nicht kommen.
↓ Mitten auf der grünen Wiese dürfen die Camper stehen.

↑ Im Sommer in den Bikepark und im Winter ab auf die Skipiste

↓ Der ganzjährig geöffnete Platz liegt direkt am Bikepark.

41 Urlaub gleich um die Ecke

WINTERBERG IM SAUERLAND ist eine ausgesprochene Urlaubsregion für Outdoorfans. Nicht nur in der namensgebenden Jahreszeit, hier kann man sich rund ums Jahr auspowern. Die bergige Landschaft ist durchzogen von Wander- und Radwegen, von einfach bis anspruchsvoll. Kein Wunder, dass sich auch Deutschlands größter Bikepark in Winterberg befindet! Eingebettet in den »Erlebnisberg Kappe« finden hier Anfänger und Profis auf insgesamt 13 Trails sportliche Abenteuer.

Etwas ruhiger, aber nicht weniger abwechslungsreich geht es bei den übrigen Attraktionen auf dem Gelände des Kappebergs zu. Vom Naturerlebnispfad über die Sommerrodelbahn bis zum Minigolf ist für alle Alters- und Fitnessklassen etwas dabei. In der kalten Jahreszeit verwandelt sich die Region in ein Winterwunderland und es beginnt die Saison der Veltins Eisarena mit Bob- und Rodelmeisterschaften. Wintersportbegeisterte können hier bei einer Bahnführung einen Blick hinter die Kulissen werfen oder sogar selbst einmal in einem Bob mitfahren. Natürlich gibt es auch Skipisten und Wanderwege, die im Winter begehbar sind.

Am Fuß des Bergs Kappe und damit mitten im Geschehen, mit direkter Anbindung an Bikepark und Skiliftkarussell, liegt der Campingplatz Winterberg. Die Stellplätze sind terrassenförmig angelegt, so sind sie trotz Gefälle schön eben. Der ganzjährig geöffnete Platz ist perfekt ausgestattet für Outdoor-Urlauber. Es gibt einen Ski- und Trockenraum sowie eine Bike-Waschstation. Nicht nur die Sportgeräte, auch die Gäste werden hier bestens umsorgt und können sich nach einem langen Tag am Berg in der Sauna entspannen. Es stehen 20 Touristenstellplätze zur Verfügung, eine Reservierung ist also besonders in den Ferienzeiten ratsam.

Campingplatz Winterberg · Kapperundweg 1 · 59955 Winterberg
Tel. 02981/17 76 · campingplatz-winterberg.de · GPS: 51.185674, 8.504184

42 Nasser Kletterspaß

ZIEH DEN NEOPRENANZUG AN, wir gehen klettern! Richtig gelesen, beim »Aqua Climb« am Ternscher See zwischen Münster und Dortmund können sich Wasserratten gemeinsam mit Kletterkünstlern austoben. Ausgerüstet mit Schwimmweste, aber ohne den sonst in Klettergärten obligatorischen Gurt, geht es los. Wer fällt, macht platsch – die Fallhöhe ergibt sich aus dem gewählten Schwierigkeitsgrad. Drei verschiedene Levels gibt es und 28 Hindernisse gilt es zu überwinden. Auf frei schwingenden Balken zur nächsten Plattform wechseln oder großen Kugeln ausweichen – Balance, Geschicklichkeit und eine Portion Glück sind gefragt, um hier durchzukommen. Allerdings gehören die Abstürze ins erfrischende Wasser ja auch zum Spaß dazu, es ist schließlich noch jeder angehende Meister mal vom Himmel gefallen.

Direkt neben dem Aqua Climb befindet sich der dazugehörige Campingplatz. Er bietet Südseefeeling mit Sandstrand und Safarizelt oder natürlich mit dem eigenen rollenden Zuhause. Ein Hinweis für Hundebesitzer: Hunde sind auf dem Platz nicht gestattet. Gecampt wird im lauschigen Eichenhain direkt am Seeufer. Der Platz ist unparzelliert und bis zum Ufer hin für Camper vorgesehen – es gibt keine Zeltplätze.

Frische Brötchen und Snacks können sich die Gäste am Strandcafé holen und die nächsten Einkaufsmöglichkeiten und Restaurants im nahen Örtchen Selm sind gut mit dem Fahrrad zu erreichen. Ausflüge in die Umgebung sind für Wanderer und Radfahrer ein Muss. Das nahe Naturschutzgebiet Lippeaue hält zahlreiche Wander- und Radwege bereit.

Und, last but not least, sind die Städte Münster und Dortmund jeweils nur etwa 45 Minuten entfernt. Besonders Münster lädt mit seiner pittoresken Altstadt zum Bummeln ein.

Seepark Ternsche · Strandweg 7 · 59379 Selm · Tel. 02592/91 72 10
ternschersee.de · GPS: 51.712463, 7.432202

↑ Ein wackliges Vergnügen, bei dem man garantiert nasse Füße bekommt.
↓ Stellplatz, Safarizelt, Ferien- oder Schwedenhaus – alles gibt es hier!

↑ Das ganze Jahr über wird hier etwas geboten.

↓ Das Industriedenkmal zieht jedes Jahr Millionen Besucher an.

43 Bergbau-Geschichte zum Anfassen

MITTE DES 19. JAHRHUNDERTS ging es los: Damals wurde begonnen, die riesigen Kohlevorkommen abzubauen. Unglaubliche 240 Millionen Tonnen Kohle wurden hier bis 1986 abgebaut und gefördert. Das ist längst Geschichte, doch das ehemals größte Bergwerk der Welt ist heute das bekannteste Wahrzeichen des Ruhrgebiets. Die Rede ist von der Zeche und Kokerei Zollverein, die als UNESCO-Welterbe und Industriedenkmal jedes Jahr rund 1,5 Millionen Menschen anzieht. Das Gelände ist so groß und interessant, dass man an einem Tag gar nicht alles besichtigen kann. Einen ersten Überblick verschaffen sich Besucher bei einer Führung, während der die Geschichte des Bergbaus in Essen und der Zeche Zollverein lebendig wird. Mit gigantischen Maschinen und Förderbändern wurde die Kohle zu Koks veredelt, ganze Generationen von Bergleuten arbeiteten hier. Im Ruhr Museum in der ehemaligen Kohlenwäsche geht die Geschichte noch weiter zurück – bis zum Ursprung der Kohle vor 300 Millionen Jahren! Mehr Mitmach-Möglichkeiten gibt es im Phänomania Erfahrungsfeld. Außerdem ist die Zeche immer wieder spektakulärer Spielort für Festivals aller Art, es wird auch bei mehreren Besuchen nie langweilig.
Urlauber können im nahen Revierpark Nienhausen nächtigen, der für sich genommen bereits eine Reise wert ist. In Kombination mit dem benachbarten Gesundheitspark gibt es hier das Rundum-Sorglos-Paket aus voll ausgestattetem Wohnmobilstellplatz und Freizeitmöglichkeiten. Von Minigolf und Freibad bis Wellness und Sauna – Abwechslung ist hier garantiert. Zur Zeche sind es nur zehn Minuten mit der Straßenbahn.

UNESCO-Welterbe Zollverein · Gelsenkirchener Str. 181 · 45309 Essen
Tel. 0201/24 68 10 · zollverein.de
Wohnmobilstellplatz im Revierpark Nienhausen · Feldmarkstraße 201
45883 Gelsenkirchen · Tel. 0209/94 13 10 · nienhausen.de
GPS: 51.501177, 7.063344

44 Das herabschauende Alpaka

BEI DIESER YOGASTUNDE steht man unter Beobachtung, nicht nur von der Trainerin, die die Stunde leitet und hilfreiche Tipps zu den Übungen gibt. Außer den Teilnehmern der Stunde haben sich auch vierbeinige Yogalehrer eingefunden. Die Wiese gehört nämlich eigentlich ihnen. Während sich die Menschen also sportlich betätigen, grasen neben und zwischen ihnen flauschige Alpakas. Yogalehrer sind sie übrigens deshalb, weil sich ihre Ruhe im Nu auf die alltagsgeplagten Menschen überträgt. So breitet sich im Nu eine innere Entspanntheit aus, die am Ende der Stunde noch nachwirkt.

Auf dem Hof bei den Sternenzelt-Alpakas im Westmünsterland dreht sich alles um die süßen Vierbeiner. Nicht nur das außergewöhnliche Yoga mit Alpaka-Begleitung können die Urlauber hier erleben. Sie können die Fellnasen zudem den ganzen Tag auf der Weide beobachten, und das bequem vom Wohnmobil aus. Direkt neben der Weide sind die Stellflächen dieses kleinen Campingplatzes.

Während die Tiere in Bezug auf Menschen meist eine vornehme Zurückhaltung an den Tag legen, tauen sie bei einer Schnupperstunde schnell auf. Das kann auch am Futter liegen, das die Gäste zur Verfügung gestellt bekommen. Hat man sich einmal angefreundet, geht es gemeinsam auf eine kleine Wanderung. Fotos mit dem »eigenen« Alpaka sind eine schöne Erinnerung an die niedlichen Tiere. Mit nach Hause nehmen kann man sie leider nicht, aber ein kleiner Shop bietet dafür Alpaka-Produkte an. Wer einmal die dichte Alpaka-Wolle gespürt hat, weiß, warum die Tiere problemlos das ganze Jahr über draußen stehen können. Auf dem voll ausgestatteten Platz gibt es außerdem einen kleinen Kiosk mit Lebensmitteln und eine Feuerstelle für gesellige Grillabende.

Sternenzelt Alpakas · Wieher Esch 3a · 46325 Borken · Tel. 0170/569 67 83
sternenzeltalpakas.de · GPS: 51.810460, 6.874265

↑ Yogastunde mit tierischer Begleitung

↓ Mit etwas Geduld kommt man den Tieren auch am Zaun ganz nah.

↑ Na, wie schnell sind die Reifen gewechselt?
↓ Der Reisemobilhafen ist ganzjährig geöffnet.

45 Kölle Alaaf – das ganze Jahr über

DAS QUIRLIGE KÖLN ist immer eine Reise wert – hier kann man immer etwas erleben, nicht nur zum Fasching. Stadt und Camping, das geht oft nicht gut zusammen. Entweder ist der Stellplatz zu weit außerhalb, um bequem in die Innenstadt zu gelangen, oder er befindet sich in einer nicht so ansprechenden Ecke der Stadt. Mit dem Reisemobilhafen Köln haben Urlauber jedoch die perfekte Kombination aus Stadtnähe und schönem Standort getroffen. Direkt am Rheinufer gelegen und von Bäumen umgeben, ist die Lage dennoch super zentral, um die Großstadt zu erkunden.
Mit der U-Bahn sind es nur zehn Minuten in die Innenstadt, die Haltestelle befindet sich wenige hundert Meter vom Platz entfernt. Mit dem Fahrrad braucht man ebenso lange bis zum Wahrzeichen der Stadt, dem Kölner Dom. Neben diesem Klassiker hat Köln auch für Sportinteressierte etwas zu bieten: Das Deutsche Sport & Olympia Museum beherbergt eine umfangreiche Sammlung zur Sportgeschichte. Doch wer jetzt trockene Informationstafeln erwartet, liegt falsch: Jede Menge Mitmach-Stationen animieren zur Bewegung und es gibt sogar Sportplätze auf dem Dach. Damit ist es ein Erlebnis-Museum für die ganze Familie. Übrigens, direkt nebenan befindet sich das Schokoladenmuseum – denn man sollte es mit dem Sporteln auch nicht übertreiben!
Wer den Abend nicht in der trubeligen Innenstadt ausklingen lassen will, der kann am Rhein den Schiffen zuschauen, die vor dem Stellplatz vorbeiziehen. Der Platz ist voll ausgestattet mit Strom und Ver- und Entsorgung. Eine Reservierung über die Website wird empfohlen. Achtung: Ältere Wohnmobile ohne grüne Plakette dürfen den Platz nur über festgelegte Transitstrecken anfahren.

Deutsches Sport & Olympia Museum · Im Zollhafen 1 · 50678 Köln
sportmuseum.de
Reisemobilhafen Köln · An der Schanz · 50735 Köln · Tel. 0178/467 45 91
reisemobilhafen-koeln.de · GPS: 50.962638, 6.986227

46 Eintauchen in fremde Welten ...

... UND DAS BUCHSTÄBLICH! In Deutschlands größtem Indoor-Tauchbecken, dem Dive4Life in Siegburg bei Bonn, gibt es jede Menge zu entdecken. Unglaubliche drei Millionen Liter fasst das Tauchbecken. Es beherbergt antike Schätze und versunkene Städte, die nur darauf warten, erkundet zu werden. Besucher mit Tauchschein können sich die entsprechende Ausrüstung vor Ort leihen, Einsteiger können Schnupperkurse besuchen. Wer einen Tauchschein machen möchte, für den bieten sich kombinierte Indoor- und Freiwasserkurse an. Für weitere – im wahrsten Sinne des Wortes – atemberaubende Unterwasserabenteuer gibt es sogar Kurse im Freediving bzw. Apnoetauchen. Nur mit Neoprenanzug, Flossen und Schwimmbrille geht es dabei in die Tiefe. Ohne Sauerstoffgerät heißt es nun, dank vorher gelernter Atemtechniken und Druckausgleichs, entspannt und sicher so lange wie möglich unter Wasser zu bleiben. Der Weltrekord im Luftanhalten unter Wasser liegt bei den Herren übrigens bei 11 Minuten und 35 Sekunden.
In Lohmar, nur eine Viertelstunde vom Tauchzentrum entfernt, befindet sich der kleine Campingplatz Meigermühle. Verkehrsgünstig an der A3 gelegen, gibt es hier eine große Zeltwiese und Stellplätze für Wohnmobile. Der Platz im Grünen ist voll ausgestattet und mit einem frisch sanierten Sanitärgebäude versehen. Die Großstadt Köln ist schnell erreicht und auch der Ort Lohmar bietet Einkaufsmöglichkeiten. Direkt neben dem Platz befindet sich eine gemütliche Gaststätte und eine Erlebnisbrauerei. In dieser können die Gäste die Bierherstellung live erleben – und das Endergebnis natürlich auch trinken.

Dive4life Indoortauchcenter (im Freizeitbad Oktopus) · Zeithstraße 110
53721 Siegburg · Tel. 02241/957 21 85 · dive4life.de
Campingplatz Meigermühle · Meigermühle 1 · 53797 Lohmar
Tel. 0177/168 96 42 · camping-meigermuehle.de
GPS: 50.863057, 7.211551

↑ Schwerelos im Wasser schweben, das geht hier mit und ohne Sauerstoff.
↓ Hier taucht man ab in eine ganz andere Welt.

↑ Das Museum zeigt auch die jüngste Vergangenheit.
↓ Der Wohnmobilhafen ist Ausgangspunkt für viele Aktivitäten.

47 Raus ins Museum

EINEN GANZEN TAG sollte man einplanen, um in die Geschichte des Rheinlands einzutauchen. Das Gelände des Freilichtmuseums Kommern in der Eifel erstreckt sich auf über 100 Hektar und bietet eine Zeitreise in das dörfliche Leben vor 500 Jahren. Über 70 historische Häuser wurden hier wiederaufgebaut, so können Besucher hautnah das Leben der Menschen zur damaligen Zeit nachempfinden. Wer alles ablaufen will, hat gut zu tun. Es gibt mehrere Rundwege, die die fünf Baugruppen aus unterschiedlichen Regionen miteinander verbinden.

Zu sehen sind nicht nur die Gebäude, es gibt zudem immer wieder Vorführungen und Mitmach-Aktionen. In der Landwirtschaft wurde die schwere Feldarbeit durch große Kaltblüter erleichtert, die heute auch noch ab und zu auf den Äckern ihre Bahnen ziehen. Pferde jedoch sind teuer, daher wurden bisweilen Ziegen vor den Karren gespannt – heute übernimmt diesen Job die Museumsziege Jupp. Selbst Hand anlegen können die Besucher zum Beispiel bei der Wollverarbeitung und für Kinder gibt es ein eigenes Ferienprogramm.

Nur wenige Autominuten oder 20 bis 30 Minuten mit dem Rad vom Museum entfernt, liegt der idyllische Zülpicher Wassersportsee mit seinem Wohnmobilhafen. Auf großen Wiesenplätzen gibt es hier eine günstige Übernachtung direkt neben dem Seepark Zülpich mit seinen vielen Freizeitmöglichkeiten und seinem Badestrand. Der Platz ist ausgestattet mit Strom und Ver- und Entsorgung, ein Sanitärgebäude ist jedoch nicht vorhanden. Bezahlt wird am Automaten oder an der Kasse des Seeparks. Direkten Seeblick hat man nicht, dafür führt ein schöner Rundweg einmal um den See herum.

LVR-Freilichtmuseum Kommern · Eickser Straße · 53894 Mechernich
Tel. 02443/998 00 · kommern.lvr.de
Wohnmobilhafen Seepark Zülpich · Am Wassersportsee 1 · 53909 Zülpich
Tel. 02252/523 45 · seepark-zuelpich.de · GPS: 50.676565, 6.659910

48 Auf der Sonnenseite des Lebens

ZWISCHEN BONN UND KOBLENZ, direkt am schönen Rheinufer, findet man auf dem Wellness-Rheinpark-Camping genau das, was der Name verspricht: Entspannung, Wohlfühlmomente und Flussromantik. Mit Blick auf das gemächlich dahinfließende Wasser kann man sich hier auf ein paar gemütliche Tage einrichten. Möglichkeiten zu Einkauf und Einkehr bestehen in Laufnähe, sodass auch der Camper zur Ruhe kommen darf.

Der Campingplatz befindet sich gleich neben der Therme, die läuft also nicht weg. Jetzt ist erst einmal die Umgebung an der Reihe, denn die bietet viele abwechslungsreiche Beschäftigungsmöglichkeiten. Zwischen Rheinsteig, Westerwaldsteig und Limes-Wanderweg bekommen die Wanderschuhe ordentlich etwas zu tun. Ein kleiner Spaziergang hingegen ist der Ausflug zum pittoresken Schloss Arenfels, das über dem Ort Bad Hönningen thront. Im Rahmen von Führungen kann man das sehenswerte Schmuckstück besichtigen, außerdem gibt es eine kleine, aber feine Gastronomie vor Ort. Oder wie wäre es mit einem Tennismatch? Die Anlage des örtlichen Tennisclubs darf von Campinggästen kostenfrei genutzt werden.

Nun ist es aber an der Zeit, den Bademantel überzuwerfen und die wenigen Meter vom Wohnmobil zur Therme zu gehen. Den Rhein verliert man dabei nicht aus den Augen, in der Außensauna schwitzend kann man direkt aufs Wasser sehen. Hier lässt es sich das ganze Jahr über aushalten, auch wenn das Wetter einmal nicht mitspielen sollte. Dann lohnt sich ein Ausflug nach Koblenz, das dank einer Zugverbindung nur eine halbe Fahrstunde entfernt liegt. In der Stadt, bei der Rhein und Mosel zusammenfließen, gibt es guten Wein, interessante Kultur und vieles mehr zu entdecken.

Wellness-Rheinpark-Camping · Allee St. Pierre Les Nemours 1
53557 Bad Hönningen · Tel. 02635/95 21 14
wellness-rheinpark-camping.de · GPS: 50.510964, 7.309002

↑ Ein wahres Freizeitparadies

↓ Bei einer Schifffahrt auf dem Rhein kann man dem eigenen Womo zuwinken.

↑ Die Klettersteig-Passagen sollten nur mit Ausrüstung begangen werden.
↓ Wildcamping-Feeling direkt am Rhein

49 Hoch hinaus am Mittelrhein

KLETTERSTEIGE GIBT ES NUR IN DEN ALPEN? Falsch! Dieser hier befindet sich dort, wo ihn wahrscheinlich niemand vermutet: am Rheinufer bei Boppard, südlich von Koblenz. Der Mittelrhein Klettersteig führt auf insgesamt elf Kletterpassagen die Steilhänge hinauf. Er ist zwar »nur« fünf Kilometer lang, doch die haben es in sich. Der Weg ist gespickt mit jeder Menge Trittbügeln, Drahtseilen und Leitern. Für Ungeübte und Kinder wird eine Kletterausrüstung empfohlen, die im Basecamp Boppard ausgeliehen werden kann. Am Parkplatz neben dem Basecamp startet auch schon die Tour. Die Kraxelei wird mit spektakulären Ausblicken auf die größte Schleife des Rheins belohnt. Wer die Kletterpartien umgehen will, folgt einfach der ausgeschilderten »Traumschleife Mittelrhein Klettersteig«. Oben angekommen, warten zwei Aussichtsplattformen mit Gastronomie auf die müden Wanderer.

Das ist alles nichts Neues mehr und alle Strecken der Gegend sind schon bekannt? Dann gibt es doch noch etwas Neues zu entdecken: Erst 2022 eingeweiht, führt der Welterbesteig Oberes Mittelrheintal auf seinen 116 Kilometern von Koblenz nach Bingen direkt an Boppard vorbei. Auf der anderen Rheinseite – der Fluss kann in Boppard mittels Autofähre überquert werden – befindet sich der Green Camping Platz. Direkt am Flussufer bei Braubach gelegen, stehen seine Gäste hier mitten in der UNESCO-Weltkulturerbe-Landschaft Oberes Mittelrheintal. Die Betreiber des Platzes legen besonders viel Wert auf Nachhaltigkeit. Auf der »wilden« Wiese erlebt man Freisteher-Feeling, ohne auf die frischen Brötchen am Morgen verzichten zu müssen.

Basecamp Boppard · Mühltal 6 · 56154 Boppard · Tel. 06742/89 67 53
basecamp-boppard.de · GPS: 50.235416, 7.577340
Green Camping am Rhein · Am Campingplatz 1 · 56338 Braubach
Tel. 0171/839 98 09 · campingamrhein.de · GPS: 50.275344, 7.638777

50 Hohe Brückenkunst

Eine Nepalesische Hängeseilbrücke mitten im Hunsrück? Die Geierlay ist mit 360 Metern Gesamtlänge eine der längsten Hängeseilbrücken Europas – und ganz sicher eine der beeindruckendsten. Steht man an ihrem Anfang, erstreckt sie sich scheinbar schwerelos über das Tal, keine Stützpfeiler halten sie fest. Schon allein das macht sie zu einem beliebten Fotomotiv.
Der Gang über die Brücke ist nichts für schwache Nerven, ein bisschen wackelig kann es schon werden. Das Gute auf der schmalen Brücke: Wer Angst hat, kann sich leicht an beiden Seiten festhalten. Ein weiterer Pluspunkt sind die Holzdielen, die nicht nur einen sicheren Halt geben, sondern auch den Blick nach unten versperren. Außerdem können die vierbeinigen Familienmitglieder so

Malerisch spannt sich die Brücke über das Tal.

ebenfalls die Brücke sicher überqueren. Spätestens beim Blick über die Wälder der Umgebung ist die Höhenangst jedoch vergessen. Wer den Besuch der Brücke gleich mit einer Wanderung verbinden möchte, geht einfach den gut ausgeschilderten Wanderweg zurück nach Mörsdorf.

Dort steht das Wohnmobil auf dem Parkplatz P2, wenn man möchte auch über Nacht. Abgerechnet wird in Zwölf-Stunden-Schritten, das Parkticket gibt es bei der Einfahrt. Im Preis inbegriffen sind Toiletten, Strom und Ver- und Entsorgung. Vor dem Besuch kann man sich zunächst einen Überblick im Besucherzentrum verschaffen, dort gibt es außerdem Infos zu den vielen Wanderwegen in der Umgebung. Zur Brücke läuft man gut 20 Minuten, einen Bäcker sowie Einkehrmöglichkeiten finden die Gäste im Ort. Die Brücke selbst kostet keinen Eintritt.

P2 Parkplatz · Windorfer Straße 12 · 56290 Mörsdorf · Tel. 06762/40 16 98
geierlay.de · GPS: 50.105072, 7.337173

Gehalten von Stahlseilen geht es über den Abgrund.

↑ Auf dem nagelneuen Platz funktioniert die Anmeldung digital.
↓ Idealer Ausgangspunkt für Ausflüge in die Umgebung

51 Tanz auf dem Vulkan

EINE ENTWARNUNG GLEICH VORWEG: Aktuell gibt es keine aktiven Vulkane in der Vulkaneifel. Doch die geologischen Voraussetzungen dafür sind noch gegeben. Wissenschaftler gehen davon aus, dass das Gebiet lediglich eine »Ruhepause« einlegt – also schnell noch hinfahren! Als UNESCO Global Geopark hat die Region viel getan, um den Touristen die erdgeschichtlichen Phänomene näherzubringen. Es gibt nicht nur mehrere Geo-Museen, sondern auch jede Menge Veranstaltungen rund um das heiße Thema. Für Wohnmobilfahrer besonders interessant: die Deutsche Vulkanstraße, die sich auf 280 Kilometern durch die ganze Region schlängelt. Ein guter Ausgangspunkt für Hobby-Vulkanforscher und solche, die es werden wollen, ist der Wohnmobilpark Vulkaneifel. Er befindet sich inmitten des Geoparks und liegt verkehrsgünstig, aber dennoch ruhig nahe der A 1. »Vulkanisch« wird es gleich einige hundert Meter weiter. Nach einem kurzen Spaziergang steht man am Schalkenmehrener Maar, einem Überbleibsel aus geologisch bewegteren Zeiten. Zahlreiche Wander- und Fahrradwege starten direkt vom Platz aus.

Auf dem erst im Jahr 2020 eröffneten Platz geht es hochmodern zu. So gibt es keine klassische Rezeption mit Öffnungszeiten. Bei der Ankunft wird das Kennzeichen registriert und nachdem man einen Platz gesucht hat, kann man sich bei einem Terminal anmelden: Einfach angeben, wie lange man bleiben möchte, Guthabenkarte aufladen und schon können alle Services des Platzes genutzt werden. Strom und Wasser werden nach Verbrauch abgerechnet, ein ressourcenschonender Umgang wird also belohnt. Eine Reservierung ist nicht möglich, dafür kann man auf der Website nachsehen, wie viele Stellplätze aktuell noch frei sind.

Wohnmobilpark Vulkaneifel · Schalkenmehrener Str. 18 · 54552 Mehren
Tel. 06592/615 97 80 · wohnmobilpark-vulkaneifel.de
GPS: 50.169580, 6.870849

52 Wissenschaft erleben

KEIN KLASSISCHES MUSEUM wartet hier auf seine Gäste. Im Dynamikum Science Center Pirmasens gibt es keine angestaubten Ausstellungsstücke mit langatmigen Erklärungen. Das ist auch gut so, denn die Themen – Physik, Technik und Naturwissenschaften – lassen sich am besten spielerisch begreifen. Dies gilt nicht nur für Kinder, Erwachsene kommen hier gleichfalls immer wieder ins Staunen. »Mitmachen und selbst entdecken«, das ist die Devise. So gibt es jede Menge Mitmach-Stationen für Groß und Klein.

Wie schwingt der Körper zur Musik und was hat Sport eigentlich mit Physik zu tun? Wer bei den Aktivitäten die App des Museums installiert hat, kann die Erkenntnisse sogar mit nach Hause nehmen. Auch Augmented Reality wird in die Ausstellung eingebunden, so können versteckte Botschaften und Aufgaben an den Stationen gesehen werden. Draußen vor der Tür geht es gleich weiter. Im angrenzenden Landschaftspark Strecktal vermittelt der Wissensparcours Erkenntnisse rund um das Thema Wind. Passend dazu kann man eine Runde DiscGolf spielen – dabei müssen Frisbees punktgenau in Körbe geworfen werden. Neben Physik spielen hier vor allem Geschicklichkeit und Glück eine Rolle, ganz einfach ist es jedenfalls nicht.

Nur ein paar Minuten zu Fuß sind es vom städtischen Wohnmobilstellplatz zum Museum. Hier finden auch größere Wohnmobile ein günstiges Plätzchen für die Nacht. Mit Strom, Ver- und Entsorgung ist der Stellplatz ein guter Ausgangspunkt, um noch einen Bummel durch die kleine Innenstadt anzuschließen. Die Stadt mit ihren sieben Hügeln liegt direkt am Naturpark Pfälzerwald, der zum Wandern und Mountainbiken einlädt.

Dynamikum Science Center Pirmasens · Fröhnstraße 8 · 66954 Pirmasens
Tel. 06331/239 43 22 · dynamikum.de
Wohnmobilstellplatz Pirmasens · Zeppelinstraße 11 · 66953 Pirmasens
GPS: 49.204550, 7.608505

↑ Festhalten und los geht's – hier ist Körpergefühl gefragt.
↓ Acht Stellplätze für Wohnmobile gibt es hier.

↑ Die schöne Innenstadt von Speyer ist nur einen Katzensprung entfernt.
↓ Originale und Nachbauten lassen den Weltraum ganz nah kommen.

53 Technik, die begeistert

HIER WERDEN KINDERTRÄUME WAHR, die auch Erwachsene bestimmt nicht vergessen haben. Wer hat sich noch nie vorgestellt, einmal in einem Raumschiff ins All zu fliegen oder mit einem U-Boot in die Tiefen der Weltmeere abzutauchen? Im Technik Museum Speyer kommt man diesen Träumen ganz nah. Egal, ob in der Luft, an Land oder im Wasser: Unzählige technische Meilensteine können besichtigt und aus erster Hand erfahren werden.

Die größte Raumfahrtausstellung Europas ist hier zu Hause. Neben echten und nachgebauten Ausstellungsstücken aus 60 Jahren Raumfahrt gibt es hier sogar einen über drei Milliarden Jahre alten Mondstein zu sehen. Einmalig ist auch der originale Jumbo-Jet, die Boeing 747 – sie ist auf dem Außengelände des Museums zu bestaunen. Das Flugzeug ist, inklusive Frachtraum, komplett begehbar und die Verkleidung wurde teilweise entfernt, um den Blick auf das Innenleben freizulegen. So können Besucher sehen, was sonst im Verborgenen bleibt. Auch Fans historischer Automobile und Lokomotiven kommen auf ihre Kosten. Die Dampflokomotive »Qian Jin« stammt aus China und erreichte das Museum ganz Lok-untypisch per Schwerlasttransport auf einem Lkw.

So viel zu sehen gibt es, dass man locker mehr als einen Tag in der Ausstellung verbringen kann. Gut, dass sich direkt neben dem Museum der dazugehörige Caravanpark befindet. Die Anlage verfügt über 100 Stellplätze, der Strom ist inklusive. Es gibt eine Ver- und Entsorgung sowie ein Sanitärgebäude. Wahrscheinlich freuen sich nur echte Fans über die Flugzeuge, die ab und zu vom benachbarten Flugplatz aus starten, doch nachts ist Ruhe. Eine Reservierung ist nicht möglich.

Technik Museum Speyer und Caravanpark · Am Technik Museum 1
67346 Speyer · Tel. 06232/671 00 (Stellplatz) · speyer.technik-museum.de
GPS: 49.311044, 8.450574

Die nächsten Etappen sind schon in Sicht.

Süd-deutschland

54 Spiel, Spaß und Schwarzwald

EINS IST KLAR: LANGEWEILE HAT HIER keine Chance! Auf dem ganzjährig geöffneten Campingplatz Kleinenzhof westlich von Stuttgart wurde wirklich an alles gedacht. Egal, ob bei Sonnenschein oder an Regentagen, hier gibt es immer etwas zu erleben. Vor allem Kindern wird viel geboten: Floßfahren auf der Enz, Planschen im eigenen Hallenbad oder die Tiere im Streichelzoo besuchen – und es gibt sogar ein eigenes Freizeithaus! Auf über 700 Quadratmetern können sich hier Groß und Klein beim Kickern, Billard oder Ballspielen miteinander messen oder im Fitnessraum sporteln gehen. Die Erwachsenen dürften spätestens nach einem entspannten Saunabesuch überzeugt sein: Hier kann man den Urlaub richtig genießen! Ein gemütlicher Absacker vorm Zubettgehen kommt aus der eigenen Schnapsbrennerei.
In der Umgebung lockt der schöne Schwarzwald mit seinen Wander- und Radwegen. Bei einem Ausflug auf den nahen Baumwipfelpfad kann man die Umgebung einmal von oben betrachten. Tipp: Unbedingt die rasante Abfahrt über die Rutsche wählen! Die Wildline Hängebrücke in Bad Wildbad ist dagegen nur etwas für wirklich schwindelfreie Zeitgenossen, denn man wird je nach Windstärke schon etwas durchgeschaukelt. Wer sich auf seinem Mountainbike durchrütteln lassen will, dem sei der Bikepark in Bad Wildbad empfohlen.
Für größere Touren gibt es sogar Mietautos auf dem Platz, da darf das »Womo« getrost mal mit Vorzelt und allem Drum und Dran stehen bleiben. Zum Luxus des Fünf-Sterne-Platzes gehören schicke, moderne Sanitärhäuser. Für das leibliche Wohl sorgen ein Brötchenservice und ein eigenes Restaurant. Im eigenen Café gibt es außerdem leckere selbstgemachte Kuchen und Torten.

Camping Kleinenzhof · Kleinenzhof 1 · 75323 Bad Wildbad im Schwarzwald
Tel. 07081/34 35 · kleinenzhof.de · GPS: 48.737855, 8.576450

↑ **Auch bei schlechtem Wetter kann man sich hier austoben.**

↓ **Der Platz ist ganzjährig geöffnet.**

↑ Sporteln mit Aussicht

↓ Eingerahmt von Natur ist man hier dennoch schnell im Ort.

55 Schwarzwälder Höhenluft

WOHNMOBIL GEPARKT, LIEGESTUHL AUFGEKLAPPT, fertig: So könnte die Beschreibung eines Urlaubs auf dem Höhencamping Königskanzel lauten. Gelegen auf einer Anhöhe, ist die Fernsicht über den umgebenden Schwarzwald atemberaubend. Wer jedoch nicht nur abhängen möchte, dem bietet der Platz am Ortstrand von Dornstetten eine gute Basis, um den Schwarzwald zu erkunden.

Laufen über Glasscherben – klingt erst einmal wenig attraktiv. Dabei ist es durchaus möglich und sogar ganz ungefährlich, wenn man es im Barfußpark macht. Das ist nur eine von vielen Stationen auf dem über zwei Kilometer langen Barfußpfad, der am anderen Ende von Dornstetten auf die Besucher wartet. Wer noch nicht genug hat, für den startet hier eine ausgewiesene Nordic Walking Strecke – Schuhe wieder anziehen nicht vergessen! Oder wie wäre es mit einem Besuch im Hochseilgarten? Auch dieser befindet sich in direkter Nachbarschaft zum Barfußpark. Auf dem Rückweg kann man gleich noch die kleine Altstadt mit ihren historischen Fachwerkhäuschen bestaunen. Wer nicht in Richtung des Ortes aufbricht, ist vom Platz aus schnell in einem großen Waldgebiet, das von Wander- und Radwegen durchzogen ist. Ein tierisches Abenteuer kann erleben, wer den Alternativen Wolf- und Bärenpark mit seinen geretteten Vierbeinern besucht.

Bei all diesen Unternehmungen wurde nichts eingekauft fürs Abendessen? Das ist nicht weiter schlimm, auf dem Platz gibt es ein leckeres Restaurant mit wechselnden Tagesgerichten. Nach einer langen Wanderung bringt ein Sprung in den Pool die Lebensgeister zurück. Zur Entspannung können sich die Gäste noch eine Massage gönnen, bevor sie sich im Liegestuhl zurücklehnen und wieder die Aussicht genießen.

Höhencamping Königskanzel · Freizeitweg 13 · 72280 Dornstetten
Tel. 07443/67 30 · camping-koenigskanzel.de · GPS: 48.479945, 8.500018

56 Campen liegt voll im Trend

DER WEITLÄUFIGE SCHWARZWALD hat so viele tolle Ecken, die es zu entdecken gilt. Und von wo aus kann man ein Gebiet am besten erkunden? Na klar – von seinem Zentrum aus! Mitten im Schwarzwald liegt der familiengeführte Campingplatz Trendcamping, er ist damit ein perfekter Ausgangspunkt, um die Region zu erleben. Auf dem ruhigen, terrassenförmig angelegten Platz kann man seine Batterien wieder aufladen, um dann erholt ins nächste Abenteuer zu starten. Durch die Bahn- und Bushaltestelle in der Nähe der Anlage steht den Gästen die gesamte Region offen, und zwar kostenlos.

Hier hat man also die Qual der Wahl – denn der Schwarzwald bietet unzählige Möglichkeiten, die Natur aktiv zu genießen: Egal, ob man direkt vom Platz aus das Kinzigtal erwandern oder mit dem Fahrrad die hügelige Gegend erobern möchte. Nur wenige Kilometer vom Platz entfernt liegt der frei zugängliche Bike-Park Wolfach, der mit seinem abwechslungsreichen Parcours auch fortgeschrittene Biker herausfordern kann. Nach einer kurzen Autofahrt erreicht man außerdem die Hirschgrund Zipline Area, die eine Herausforderung der anderen Art bietet: An sieben verschiedenen Ziplines saust man über die Baumkronen! Auch ein Ritt durch die Geschichte der Umgebung hat ihren Reiz: Zur Auswahl stehen hierfür das Freilichtmuseum Vogtsbauernhof, das Bergbaumuseum Oberwolfach, die letzte aktive Glasmanufaktur des Schwarzwalds – auch bei Regenwetter besteht also kein Grund, den Urlaub nicht in vollen Zügen zu genießen!

Das platzeigene Restaurant serviert leckere Hausmannskost, fürs Frühstück gibt es Brötchen aus der Dorfbäckerei. Die Anlage hat von April bis Oktober geöffnet.

Campingplatz Trendcamping · Schiltacher Str. 80 · 77709 Wolfach
Tel. 07834/85 93 09 · trendcamping.de · GPS: 48.291412, 8.278666

↑ Gutbürgerliche Küche gibt es im »Platzhirsch«.
↓ Die Hügel des Schwarzwalds warten schon!

↑ **Nervenkitzel pur, und das nicht nur einmal!**

↓ **Auf dem Stellplatz kann man dann von den rasanten Fahrten träumen.**

57 Mini-Europa

DER BÜGEL FÄHRT LANGSAM HERUNTER und ist fest. Die Bahn ruckt einmal, dann fährt sie langsam los. Spätestens jetzt beginnt das Kribbeln im Bauch und das Adrenalin schießt in den Körper. Wer einmal Achterbahn gefahren ist, der möchte es immer wieder – oder nie mehr. Gut, dass es im Europa-Park in Rust neben den Achterbahn-Berühmtheiten wie dem Silver Star noch viele weitere Dinge zu entdecken gibt!

Der Park ist praktisch ein Europa im Taschenformat. Von Griechenland ist es nicht weit nach Italien, Irland oder Portugal. Eine Fahrt auf dem Wildbach in Skandinavien oder eine Achterbahnfahrt mit VR-Brille in Frankreich unternehmen und dazwischen gibt es Tapas im spanischen Dorf? Kein Problem! Wer genug durchgeschüttelt und nass gespritzt wurde für den Tag, den zieht es in eine der vielen Shows, die auf dem ganzen Gelände verteilt stattfinden. Von Comedy über Zaubershow bis zur sportlichen Darbietung ist hier garantiert für jeden etwas dabei.

Zwischen Action, Schlemmen und Aufführungen vergeht die Zeit wie im Flug, da ist es gut, dass die anstrengende Heimreise ausfallen darf. Nur wenige Gehminuten vom Haupteingang entfernt, befindet sich das große, voll ausgestattete Camp Resort. Neben modernen sanitären Einrichtungen gibt es hier einen Brötchenservice und WLAN – so kann der Parkbesuch bequem im Camper geplant werden. Die Eintrittskarten für den Park und die Wasserwelt Rulantica sind auch an der Rezeption erhältlich. Hunde sind willkommen, sie dürfen an der Leine mit in den Park. Für Sportler gibt es rund um den Platz Jogging- und Nordic-Walking-Routen und einen Badesee zum Abkühlen. Eine Reservierung ist über die Website des Parks möglich.

Europa-Park Camping · Rheinweg 5 · 77977 Rust · Tel. 07822/860 55 66
europapark.de · GPS: 48.270207, 7.719551

58 Entspannung für Frostbeulen

DAS BREISGAU ZÄHLT ZU DEN WÄRMSTEN Regionen Deutschlands. Das sorgt nicht nur dafür, dass hier hervorragender Wein angebaut werden kann, das milde Klima erfreut auch die Urlauber. Unweit von Freiburg, der größten Stadt im Breisgau, liegt das kleine Bad Krozingen. Hier kann man nicht nur im Sommer die herrliche Natur des Markgräflerlandes erkunden. Der städtische Stellplatz befindet sich nämlich direkt neben der Vita Classica Therme und bietet somit die perfekte Ausweichmöglichkeit, sollte das Wetter ausnahmsweise einmal nicht mitspielen.

Baden in kohlensäurehaltigem Wasser, ein sprichwörtlich prickelndes Erlebnis! Das Mineral-Thermalwasser sorgt dadurch für eine rege Durchblutung und Entspannung, was will man mehr – vielleicht ein paar Durchgänge im Saunaparadies? An einem Tag kann man gar nicht jeden der zehn verschiedenen Schwitztempel ausprobieren. Entspannung pur verspricht nicht nur ein Aufenthalt in der Therme. Auch in der freien Natur kann man zur Ruhe kommen und zu sich finden. Der große Kurpark mit seinen bunten Blumenbeeten, dem Kräutergarten und dem alten Baumbestand bietet viel Platz zum Spazierengehen, Joggen und Erholen. Dazu gibt es auch noch ein Hallen- und Freibad – damit hat sich Bad Krozingen den Beinamen »Gesundheitsstadt« redlich verdient.

Auf dem großen Wohnmobilstellplatz mit rund 75 Stellplätzen gibt es Strom, Ver- und Entsorgung sowie Zugang zu den Sanitäranlagen der Therme. Dort befindet sich außerdem eine kleine Flaniermeile mit einem Café und einem Shop. Im Rahmen der KONUS-Gästekarte erhält man, neben vielen weiteren Vorteilen, ab drei Nächten einen kostenlosen Eintritt pro Person in die Therme. Reservierungen für den Wohnmobilplatz sind ab drei Nächten möglich.

Wohnmobilplatz Vita Classica · Am Rebberg 1 · 79189 Bad Krozingen
Tel. 01520/956 31 70 · bad-krozingen.info · GPS: 47.916922, 7.687725

↑ Entspannung pur bei einer Massage
↓ Nach der Wellness direkt ins eigene Bett fallen

↑ Im Freibad kann man toben und entspannen.
↓ Der Platz liegt traumhaft zwischen den Bergen.

59 Von der Natur verwöhnt

EINGEBETTET ZWISCHEN WIESEN und den Fichtenwäldern des Südschwarzwalds liegt das familiengeführte Camping Münstertal. Bereits in dritter Generation und seit knapp 60 Jahren werden hier Camper empfangen. Klar, dass man hier genau weiß, was einen rundum guten Campingurlaub ausmacht.

Ein breites Freizeitangebot verleitet dazu, den großen Platz während des Urlaubs gar nicht erst zu verlassen. Ob Ponyreiten, Fußball kicken oder auf dem Spielplatz toben – Kinder sind hier gut beschäftigt. Beim Bogenschießen und Minigolfen können sich Groß und Klein miteinander messen, während der Angelweiher eine etwas gemütlichere Alternative bietet. Nicht nur an Land, auch im Wasser kann man sich hier sportlich betätigen. Ein Hallenbad und ein beheizter Außenpool warten auf die Gäste. Die Umgebung des Platzes ist jedoch zu schön, um nicht den einen oder anderen Ausflug zu unternehmen! Egal, ob in Wanderschuhen oder mit dem Fahrrad, das Münstertal bietet jede Menge Möglichkeiten, auch im Winter. Die Haltestelle der Bahn befindet sich direkt vor der Tür, sie bringt Touristen kostenlos mit der KONUS-Karte in das nahe Staufen im Breisgau und sogar bis nach Freiburg oder Karlsruhe. So sind nicht nur Ausflüge in die nähere Umgebung, sondern in die ganze Region möglich.

Für die nötige Entspannung nach dem Sporteln sorgt ein Gang in die Sauna oder das Dampfbad. Eine wohltuende Massage im Wellnessbereich rundet den Tag dann ab. Im Restaurant gibt es badische Spezialitäten und saisonale Gerichte mit Produkten aus der Region. Den ganzen Tag kulinarisch versorgt wird man auch im gut sortierten »Lädele«. Der ganzjährig geöffnete Platz ist sehr beliebt, eine Reservierung wird daher empfohlen.

Camping Münstertal · Dietzelbachstraße 6
79244 Münstertal (Schwarzwald) · Tel. 07636/70 80
camping-muenstertal.de · GPS: 47.85994, 7.76462

60 Ruhe am Rheinufer

DER LÄNGSTE ABSCHNITT DES RHEINS, der durch mehrere Länder fließt, befindet sich in Deutschland. Das Quellgebiet des Rheins ist jedoch in der Schweiz und der Fluss verläuft auf über 100 Kilometern entlang der deutsch-schweizerischen Grenze, oder eher: die Grenze verläuft entlang des Flusses. Eine gute Fahrstunde östlich von Basel und direkt am Grenzfluss liegt das kleine Rhein-Camping Waldshut. Von den gepflegten Schotterplätzen aus hat man einen unverstellten Blick auf das Gewässer. Wohnmobil abstellen, Liegestuhl raus und den Ausblick genießen!
Oft fallen Dinge erst auf, wenn sie nicht da sind: Obwohl der Rhein als vielbefahrene Wasserstraße bekannt ist, ist er auf diesem Abschnitt nicht »schiffbar«. Keine lauten Schiffsmotoren tuckern vorbei, stattdessen dürfen die Urlauber hier direkt und sicher in den Fluss springen. Das gilt auch für die vierbeinigen Freunde, die auf diesem Platz besonders erlaubt sind. Begrüßt werden sie von der »Hausherrin« Luna, einer lieben Labradormischlingsdame. Auch im platzeigenen Restaurant sind Hunde willkommen. Der Rheinradweg führt auf seinen gut 1300 Kilometern direkt am Platz vorbei und bietet Sportsfreunden eine tolle Möglichkeit, die Umgebung zu erkunden. Wer eine längere Tour plant, kann sich hierfür am Platz ein E-Bike mieten. Wasserwanderern steht der Anleger der Waldshuter Rheinschifffahrt zur Verfügung und auch mit dem SUP lässt sich dieser ruhige Abschnitt des Rheins gut befahren. Pausiert wird anschließend im Restaurant des Campingplatzes.
Für spontane Anreisen gibt es einen vorgelagerten Wohnmobilstellplatz mit Parkscheinautomat, auf dem Fahrzeuge mit bis zu elf Metern Länge unterkommen. Der Platz hat nur wenige Tage im Jahr geschlossen, Camper können von hier aus also auch den winterlichen Rhein entdecken.

Rhein-Camping Waldshut · Jahnweg 22 · 79761 Waldshut-Tiengen
Tel. 07751/31 52 · rheincamping.de · GPS: 47.611220, 8.224711

↑ Auf dem hundefreundlichen Platz fühlt sich die ganze Familie wohl.
↓ Ein unverstellter Blick auf den Rhein

↑ In der Gruppe fällt das Aufraffen zum Sport gleich viel leichter.
↓ Auf dem 5-Sterne-Platz bleibt kein Wunsch offen.

61 Auspowern am Bodensee

IM URLAUB DIE AUSGETRETENEN PFADE verlassen und einmal etwas ganz Neues machen – das nehmen sich bestimmt viele vor. Hier auf dem Fünf-Sterne-Campingplatz Wirthshof, nahe des Bodensees, wird es den Gästen ganz leicht gemacht, Neues zu entdecken: Einfach etwas aus der breiten Palette der sportlichen Aktivitäten auswählen und los geht's!

Wie wäre es zum Beispiel mit »Reaktiv Walking« oder »Nia & Tanz«? Unter professioneller Anleitung kann man hier seinen sportlichen Horizont erweitern und vielleicht eine neue Lieblingssportart finden. Die angebotenen Kurse reichen von entspannt bis anspruchsvoll, so findet jeder das, was zu seinen Bedürfnissen passt. Auch ein persönliches Training und eine Beratung sind buchbar. Das umfangreiche Wochenprogramm bietet jede Menge Abwechslung für Groß und Klein. Denn für Kinder wird hier einiges geboten: Es gibt mehrere Spielplätze und eine Spielscheuer, in der bei Schmuddelwetter getobt werden kann. Das Freibad wissen an heißen Sommertagen alle zu schätzen. Natürlich kann die herrliche Umgebung des Platzes auch auf eigene Faust erkundet werden. Mit dem Bodensee vor der Haustür und dem eindrucksvollen Alpenpanorama im Hintergrund wird wirklich jede Fahrradtour zum Genuss. Passende Tourenvorschläge gibt es von den Mitarbeitern der Anlage gerne dazu.

Wer sich beim Sport richtig ausgepowert hat, darf sich abends auf einen entspannten Saunagang oder vielleicht sogar auf eine Massage freuen. Zu einem aktiven Urlaub gehört gesundes Essen. Das gibt es nicht nur im Hofcafé und Restaurant, sondern auch im gut sortierten Hofladen. Besonderer Wert wird hier auf regionale und Bioprodukte gelegt.

Wirthshof Camping · Steibensteg 10 · 88677 Markdorf · Tel. 07544/962 70
wirthshof.de · GPS: 47.715364, 9.409564

62 Vom Gerstenkorn zum flüssigen Gold

53 BIERE, 5 BRAUEREIEN, 1 STADT: Die Geschichte der Stadt Ehingen auf der Schwäbischen Alb ist seit jeher mit der Tradition des Bierbrauens verbunden. Fünf Brauereien führen sie fort und verbinden dabei Tradition und Moderne. Althergebrachtes Wissen und neue Biersorten machen die Bierkultur der Stadt zu etwas Besonderem.

Das Offensichtliche zuerst: Hier kann man köstliches Bier verkosten. Das ist jedoch bei Weitem nicht alles. Wer die ortsansässigen Brauereien kennenlernen möchte, dem sei dazu der 14 Kilometer lange Bierwanderweg empfohlen, der am Marktplatz beginnt und an der etwas außerhalb gelegenen »Brauerei am Berg« endet. Je nach Lust und Laune darf unterwegs bei einem oder mehreren Gasthäusern eingekehrt werden, einen praktischen Bier-Rucksack für die (flüssige) Wegzehrung auf der Wanderung kann man sich bei teilnehmenden Brauereien ausleihen. Das Ganze gibt es auch in der sportlich anstrengenderen Variante: Als 115 Kilometer lange Berg-Bier-Radtour – dabei wird das Aufteilen in zwei Etappen empfohlen. Abgerundet wird das Angebot durch Brauereiführungen und -seminare, bei denen man allerhand Wissenswertes erfährt.

Nahe an der Altstadt und doch im Grünen befindet sich der Wohnmobilstellplatz am Stadion. Das Freibad und ein Park mit schönem Aussichtsturm, dem Wolfertturm, sind gleich nebenan. Von hier aus kann man wunderbar zu einem Wander- oder Radausflug in die Umgebung aufbrechen und abends lockt – wer hätte es gedacht – der Biergarten nebenan. Der Platz ist mit Ver- und Entsorgung, Strom und WLAN top ausgestattet, die Nutzung ist für vier Tage kostenfrei. Danach kann digital per App bezahlt werden.

Mehr Infos zur Bierkulturstadt finden sich unter:
bierkulturstadt.ehingen.de

Stellplatz am Stadion · Am Stadion · 89584 Ehingen (Donau)
ehingen.de/wohnmobil · GPS: 48.279681, 9.733974

↑ Entlang der Wanderwege gibt es einige Einkehrmöglichkeiten.
↓ Ein ruhiger Stellplatz mit toller Aussicht

63 In Ulm, um Ulm und um Ulm herum

KEINE SORGE, DIESEN ZUNGENBRECHER muss man nicht beherrschen, um hier Urlaub machen zu dürfen. In Ulm und um Ulm herum gibt es allerdings viel zu sehen. Dieser Teil der schwäbischen Alb ist das perfekte Ausflugziel für alle, die es zwar hügelig, aber nicht bergig mögen. Eine gute Basis für die Erkundung der Alb ist der Heidehof. Auf dem ganzjährig geöffneten, weitläufigen Campingplatz gibt es neben dem Hauptbereich für Dauercamper auch eine große Freizeitwiese, auf der man es sich für einen kurzen oder längeren Aufenthalt bequem machen kann. Auffahrkeile sollte man nicht vergessen, denn nicht nur die Umgebung ist hügelig! Vom Platz aus bestehen einige Möglichkeiten für längere Spaziergänge. Geht man durch das »Hundetor«, steht man schnell mitten

Ein Highlight – nicht nur für die Kids – ist der große Pool.

in den umliegenden Feldern. Gleich nebenan befindet sich ein Ponyhof für die Kleinsten. Hobby-Höhlenforscher zieht es zur nahen Tiefenhöhle Laichingen, die einzige begehbare Schachthöhle Deutschlands. Sie ist jedoch nicht die einzige Höhle in der Gegend, die schwäbische Alb sieht mit über 2000 Höhlen unter der Erde praktisch aus wie ein Schweizer Käse. Da sie über der Erde einigermaßen hügelig ist, hilft bei längeren Touren der Antrieb eines E-Bikes ungemein. Praktisch, dass man diese direkt am Heidehof ausleihen und dann damit losdüsen kann. Im Winter eignen sich die Wege hervorragend zum Langlauf, die Loipen führen direkt am Platz vorbei.

Im Sommer ist der große Swimmingpool der Anziehungspunkt des Platzes. Wer tagsüber am Pool Freundschaften geschlossen hat, kann diese abends bei einer leckeren Pizza im Restaurant festigen.

Camping Heidehof · Heidehofstraße 50 · 89150 Laichingen
Tel. 07333/64 08 · camping-heidehof.de · GPS: 48.477734, 9.745361

Einmal rund um den Platz ist die perfekte Gassi-Strecke.

64 Auf die Socken, fertig los

DIE ANTI-RUTSCH-BESCHICHTUNG auf den Socken hat die Form von Sprungfedern. Echte Federn werden hier nicht benötigt, die Trampoline in der Sprungbude Filderstadt sorgen schon dafür, dass man scheinbar schwerelos durch die Halle fliegt. Nach einer Einweisung mit kurzem Warm-up wird man auch schon auf die Trampoline losgelassen. Langeweile hat hier keine Chance, denn in der 8500 Quadratmeter großen Halle gibt es viel zu entdecken! Akrobatische Sprünge in die Schaumstoffgrube? Sportliche Höchstleistung im Ninja-Parcours? Oder gemeinsam mit Freunden ein Volleyballspiel, jede Bewegung verstärkt durch die Trampoline am Boden und an den Seiten? Alleine oder in der Gruppe, jung oder alt – in einer zweiten Halle können alle dann noch ausgefallenere Dinge ausprobieren, wie den wahrscheinlich einzigartigen Picture Jump. Vor selbst gewählter Kulisse wird hier das persönliche Sprungfoto geschossen. Nach dem ganzen Rumgehopse hat man sich das Eis oder die Pizza am Budenbistro redlich verdient.

Für eine Nacht eignet sich der kleine kostenfreie Wohnmobilstellplatz in Aichtal ohne Ver- und Entsorgung, dafür gibt es Strom. Wer es komfortabler möchte, der findet im eine Stunde entfernten Hofgut Hopfenburg einen voll ausgestatteten Campingplatz vor. Der ganzjährig geöffnete Platz bietet ausgefallene Unterkünfte in Tipi oder Zirkuswagen und gibt seltenen Nutztierrassen ein Zuhause. Die Gäste können im Hofladen einkaufen und ein Frühstücksbuffet buchen. Hunde dürfen auf Anfrage mitgebracht werden.

Sprungbude Filderstadt · Weilerhau 6 · 70794 Filderstadt
Tel. 0711/18 42 90 80 · sprungbude-filderstadt.de
GPS: 48.65350, 9.18399
Stellplatz Aichtal · Schönbuchstraße 30/2 · 72631 Aichtal
GPS: 48.620403, 9.202678
Hofgut Hopfenburg · Hopfenburg 12 · 72525 Münsingen
Tel. 07381/93 11 93 11 · hofgut-hopfenburg.de · GPS: 48.402882, 9.506843

↑ **Auch Sportmuffel haben hier ihren Spaß!**

↓ **Während der Ferien und im Winter sollte der Platz reserviert werden.**

↑ Angst vor Wasser und Enge sollte man nicht haben.
↓ Wieder an der Oberfläche sind die Wasserfälle ein tolles Ausflugsziel.

65 Erlebnis unter Tage

DAS WASSER RAUSCHT UM DIE BEINE, es ist kühl und dunkel, nur der Schein der Stirnlampen weist den Weg. Die Falkensteiner Höhle nahe Bad Urach ist die einzige wasserführende Höhle Deutschlands, in der Touren angeboten werden. Für die körperlichen Mühen wird man mit einem unvergesslichen Erlebnis belohnt. Wie ein Entdecker darf man sich hier fühlen, dringt man doch in uns normalerweise verschlossene Welten vor. Zwar waren hier bereits einige Menschen – Goldsucher etwa oder Forscher – doch seit 2018 ist die Höhle für die Öffentlichkeit gesperrt.
Nicht nur watet man durch eiskaltes Wasser, außer bei der Einsteigertour ist auch ein kurzes Stück Tauchen erforderlich. Die notwendige Ausrüstung mit Neoprenanzug und Schutzhelm wird gestellt. Nur kleine Gruppen werden durch die Höhle geführt, das schont die Natur. Außerdem hat so jeder Besucher ein garantiert individuelles Höhlen-Abenteuer. Je nach Können und Wagemut können unterschiedlich lange Abschnitte der weitläufigen Höhle begangen werden. Die Touren werden von April bis September angeboten, im Winter gehört die Welt unter Tage dann wieder ganz den Fledermäusen, die hier einen sicheren Unterschlupf gefunden haben.
Die Höhlenbesucher können auf dem Wohnmobilstellplatz Bad Urach nächtigen, der sich in direkter Nachbarschaft zur Therme befindet. Im Übernachtungspreis sind Strom, Kurtaxe und Ver- und Entsorgung enthalten. Den Schlüssel für den Stromkasten kann man sich in der Touristeninformation oder der Therme holen, die Bezahlung erfolgt am Automaten. Nur einen etwas längeren Spaziergang – oder eine kurze Busfahrt – entfernt ist die schnuckelige Altstadt und ein Wanderweg führt bis zu den bekannten Wasserfällen.

Cojote Outdoor Events · Grabenstetter Str. 31 · 72574 Bad Urach
Tel. 07125/309 52 22 · cojote-outdoor.de
Wohnmobilstellplatz Bad Urach · Bäderstraße · 72574 Bad Urach
Tel. 07125/943 20 · badurach-tourismus.de · GPS: 48.50053, 9.37738

66 Bouldern für jedermann

UNWEIT VON STUTTGART, nahe des beschaulichen Örtchens Allmersbach im Tal, befindet sich ein Stellplatz in bester Lage, um die umliegenden Hügel und Täler zu erkunden. Und nicht nur das: Der gemeindeeigene Wohnmobilhafen liegt auf dem Gelände des SportErlebnisParks, der mit Basketballfeld, Trampolinanlage, Boule-Bahnen und Soccer-Court einiges zu bieten hat!
Ein besonderer Anziehungspunkt für Freizeitsportler ist die Boulderanlage. Schick, kostenfrei und überdacht, so kann man sich auch bei nicht so gutem Wetter sicher an den Wänden entlanghangeln. Wer diesen Sport schon immer einmal ausprobieren wollte, findet hier einen leichten Einstieg. Für Erfahrene gibt es auch schwierige Routen. Ehrenamtliche halten die Routen instand und verändern sie immer wieder.
Rund um den Platz erstrecken sich bereits die Streuobstwiesen. Besonders im Frühjahr empfiehlt sich der Landschaftserlebnisweg »'s Äpple«, der durch die duftenden Obstplantagen führt. Der angrenzende Wald bietet sich ebenfalls für kleinere und größere Wanderungen an.
Der Wohnmobilhafen bietet zehn Stellplätze, einen Sanitärcontainer und Strom. Ver- und Entsorgung kosten extra. Eine Reservierung ist nicht möglich. Die Gebühr kann bequem am Automaten entrichtet werden – er nimmt auch Karten an. Ein kleiner Kräutergarten zum Schnuppern und eine Kneippanlage zum Abkühlen machen den Platz perfekt für einen Zwischenstopp. Direkt vor den Toren des Platzes gibt es außerdem eine gemütliche Gastwirtschaft. Im Ort befinden sich Einkaufsmöglichkeiten und eine Mietstation für E-Bikes.

SportErlebnisPark Allmersbach im Tal · Schorndorfer Str. 68
71573 Allmersbach im Tal · Tel. 07191/353 00 · allmersbach.de
GPS: 48.901350, 9.475778

↑ Die Boulder-Anlage ist für jedermann zugänglich.
↓ Tolle Wanderwege führen durch die Obstplantagen rund um die Stadt.

↑ Das Gasthaus versprüht einen urigen Charme.
↓ Im Sommer lockt das Naturbad gleich neben dem Stellplatz.

67 Zwischen Braukessel und Freibad

DER TRAUM EINES JEDEN BIERLIEBHABERS: das eigene Bier brauen. Das geht tatsächlich sogar zu Hause. Wie genau das funktioniert, und viele andere wissenswerte Dinge rund um der Deutschen liebstes Getränk, erfährt man im Bierbraukurs in Schöllkrippen. Das familiengeführte Brauhaus Barbarossa lädt ein zum Fachsimpeln, Anekdoten Austauschen und natürlich zum Verkosten. Einen halben bzw. ganzen Tag dauern die Kurse, nach deren Abschluss die Teilnehmenden eine richtige Urkunde bekommen. Unter dem Motto »Bier einmal anders erleben« erfahren Interessierte in einem weiteren zweistündigen Event, was man aus Bier alles machen kann, außer es einfach nur zu trinken – zum Beispiel lässt sich aus Biertreber Brot herstellen. Eine kurze Führung durch die Brauerei ist nach Absprache spontan möglich. Auch ohne Seminar gehören die hauseigenen Biere zu einer deftigen Mahlzeit im Gasthaus selbstverständlich dazu. Ergänzt wird das Hausbier durch wechselnde saisonale Bierkreationen. Wie praktisch, dass der Stellplatz am Naturerlebnisbad nur wenige Fußminuten vom Brauhaus entfernt ist. Der Platz eignet sich auch für größere »Womos«, die Bezahlung erfolgt am Automaten. Mit Ver- und Entsorgung sowie Strom kann man hier gut für eine Nacht stehen. Am nächsten Morgen bietet sich ein Sprung ins kühle Nass des Bades an. Oder der »Streifzug durch die Erdgeschichte«, ein europäischer Kulturrundwanderweg, der direkt am Naturbad startet und endet. Immer dem blauen Symbol mit gelbem Schiff und EU-Sternen folgend können sich die Wanderer über die archäologische Vergangenheit der Gegend informieren.

Brauhaus Barbarossa · Aschaffenburger Straße 18 · 63825 Schöllkrippen
Tel. 06024/54 54 · brauhaus-barbarossa.de
Stellplatz Schöllkrippen · Am Sportzentrum 1–3 · 63825 Schöllkrippen
Tel. 06024/673 50 · gaeste.vg-schoellkrippen.de
GPS: 50.084564, 9.253540

68 Wasserspaß mit Wohlfühlfaktor

TAGSÜBER IM WAKE PARK AUSTOBEN und abends den Sonnenuntergang vor dem eigenen Wohnmobil genießen – so sieht ein perfekter Tag im Naturcamp Thulba aus. Und das Beste: Die Wegstrecke von Action zu Entspannung beträgt nur wenige Gehminuten, denn Wake Park und Naturcamp befinden sich am gleichen kleinen See. Am südlichen Ende des Biosphärenreservats Rhön, nahe Bad Kissingen, findet sich diese großartige Mischung aus Natur und sportlichem Spaß.

Wer dachte, er kennt das Element Wasser bereits in- und auswendig, wird beim Wakeboarden schnell eines anderen belehrt. Für Anfänger gibt es sowohl Leih-Ausrüstung als auch entsprechende Kurse. Unter professioneller Anleitung trauen sich auch die Schüchternen schnell auf den See hinaus. Nach der ersten Runde ohne Tauchgang ist die Anstrengung bald wieder vergessen und man genießt das Gleiten auf der Wasseroberfläche. Und wer hineinfällt, kein Problem – in dem flachen See kann man an vielen Stellen sogar stehen. Für Profis ist die Anlage ebenfalls geeignet, und Gruppen können sie sogar komplett mieten. Weitere Wasserabenteuer können die Camper bei einer Kanutour auf der nahen Saale erleben.

Für alle, die doch lieber trockenen Fußes unterwegs sind: Rund um den Platz gibt es jede Menge Wanderwege, die zum Erkunden einladen. Wie wäre es mit dem Panoramaweg Thulba oder einer Wanderung über Stock und Stein zur trutzigen Trimburg? Im Naturcamp nebenan wartet bereits ein Gläschen Frankenwein aus dem platzeigenen kleinen Laden auf die müden Urlauber. Kaffee und Brötchen für das Frühstück gibt es hier auch, so kann der neue Tag beginnen.

Wakepark Thulba · Tel. 09736/47 26 · wakepark-thulba.de
Naturcamp Thulba · Untere Au 3 · 97723 Oberthulba · Tel. 01512/685 53 70
naturcamp-thulba.de · GPS: 50.172913, 9.925363
(Da sie sich auf einem Gelände befinden, haben
Wakepark und Naturcamp die gleiche Adresse.)

↑ Viel Übung braucht es, bis es so leicht aussieht.
↓ Eine ungewöhnliche Art der Übernachtung – das Dachzeltdorf

↑ Auch die Inneneinrichtung ist konsequent ungewöhnlich.
↓ Das Weinparadies ist ein echter Blickfang.

69 Kunst, Kultur und Genuss

IM FRÄNKISCHEN WEINLAND rund um Würzburg geht es traditionell und beschaulich zu. Das Weingut Hirn in Untereisenheim sticht jedoch heraus – und das schon auf den ersten Blick. Die Adresse sollte zwar ins Navi eingegeben werden, doch aus Versehen vorbeizufahren, ist hier unmöglich. Inspiriert von dem weltberühmten Architekten Friedensreich Hundertwasser wurde hier im Jahr 2003 das bereits 300 Jahre alte Weingut in ein Weinparadies verwandelt. Die vielen Farben, bunten Mosaike und verspielten Details machen das Weingut von innen und außen zum Hingucker. Kunst, Kultur und Genuss sollen hier vereint werden und so finden auf dem Weingut auch immer wieder kulturelle Veranstaltungen statt.

So sehr die ungewöhnliche Architektur die Besucher in ihren Bann zieht, die eigentlichen Stars sind natürlich die selbst produzierten Weine. Auf den zehn Hektar des Familienbetriebs werden verschiedenste edle Tropfen von Weißwein über Rosé und Rotwein bis zu Sekt und Secco hergestellt. Angebaut werden unter anderem Bio-Weine und Rebsorten, die nur sehr wenig Pflanzenschutz benötigen. Diese können die Gäste nach Vereinbarung bei Weinproben oder in der Heckenwirtschaft zu einer typisch fränkischen Brotzeit genießen.

Übernachten können sie dann direkt auf dem Gelände des Weinguts – was vor allem nach einer ausführlichen Verkostung von Vorteil ist. Auf zwölf Stellplätzen werden die Camper ausgestattet mit WC, Duschen und Strom. Eine Ver- und Entsorgung gibt es nicht. Der Standort zwischen Weinparadies und den umliegenden Weinbergen könnte nicht schöner sein. Nur ein kurzer Spaziergang ist es zum Ufer des Mains, der sich neben dem Örtchen durch die Landschaft schlängelt.

Weingut Hirn · Dipbacher Str. 8 · 97247 Eisenheim · Tel. 09386/388
weingut-hirn.de · GPS: 49.886114, 10.157430

70 Entspannt und flauschig

SAFRAN, THYMIAN, CAYENNE und Peperoni stehen auf der Wiese und genießen die Sonne, während Tabasco und Melisse die Besucher neugierig in Augenschein nehmen. Nein, hier ist kein Gewürzregal explodiert und es wurde auch kein Supermarkt überfallen. Die Lamas des Mitimino-Hofs bei Naila haben sehr ausgefallene Namen. Einmal angefangen, wird die ungewöhnliche Namensgebung nun durchgezogen. Das gilt ebenfalls für die jüngsten Mitglieder der kleinen Herde, die auf dem Hof geboren wurden. Die flauschigen Tiere sind nicht nur hübsch anzusehen, sie begleiten die Besucher zudem bei Wanderungen in die Umgebung. Trekking mit Lama, ob in der Gruppe oder zu zweit, macht auf jeden Fall riesigen Spaß und die Besucher können mit den sonst eher ruhigen Tieren auf Tuchfühlung gehen. Bis zu zwei Stun-

Entspannung ist angesagt nach einer Wanderung mit den Lamas.

den dauern die Führungen, danach kann man sich noch ein passendes Lama-Mitbringsel im Shop aussuchen.
Genächtigt wird im nur eine Viertelstunde entfernten Kurort Bad Steben. Direkt neben der bekannten Therme befindet sich der dazugehörige Wohnmobilstellplatz. Auf über 40 voll ausgestatteten Parzellen haben auch größere Wohnmobile Platz. Dank neuem Kassenautomat erfolgt die Anmeldung bequem auf dem Stellplatz. Die Therme sollte man sich jedoch trotzdem auf keinen Fall entgehen lassen! Nach einer Wanderung – oder aus jedem anderen beliebigen Anlass – darf man hier alle viere von sich strecken. Verschiedene Saunen und Ruhebereiche laden zum Entspannen ein und im Wellness-Dome tut man seiner Gesundheit mit solehaltiger Luft und UV-Bestrahlung zusätzlich noch etwas Gutes.

Mitimino-Lamas · Döbrastöcken 5 · 95119 Naila · Tel. 09289/96 47 84
mitimino-lamas.de · GPS: 50.28565, 11.64847
Wohnmobilstellplatz an der Therme Bad Steben · Steinbacher Str. 20
95138 Bad Steben · Tel. 09288/96 00
therme-bad-steben.de/wohnmobilstellplatz · GPS: 50.362919, 11.632254

Die schicke Therme ist immer einen Besuch wert.

↑ Im Sommer darf ein Sprung in den See nicht fehlen.
↓ Das Fichtelgebirge ist auch ein beliebtes Ziel für Wintersportler.

71 Bergluft schnuppern im Frankenland

WER AN BAYERISCHE BERGE DENKT, landet geografisch meist im äußersten Süden Deutschlands. Doch auch Franken hat mit dem Fichtelgebirge einiges für Bergfreunde zu bieten. Am Fuße der beiden höchsten Berge Frankens befindet sich der perfekte Platz, um das Fichtelgebirge zu erkunden. Am Fichtelsee, nur eine halbe Stunde von Bayreuth entfernt, liegt der gleichnamige Campingplatz.

Er ist einer der wenigen Plätze der Region, der auch im Winter geöffnet hat. Das hat einen guten Grund: Auf 800 Höhenmetern gelegen, finden die Urlauber hier in der kalten Jahreszeit eine zauberhafte Schneelandschaft vor! Der Naturpark Fichtelgebirge ist mit vielen präparierten Loipen ganz auf Wintersportler eingestellt und vom nahen Ochsenkopf aus können Anfänger und Fortgeschrittene ins Tal brettern. Neben zahlreichen Wanderstrecken gibt es im Naturpark auch ausgewiesene Nordic-Walking-Touren. Der Ochsenkopf lässt sich im Sommer nicht nur zu Fuß erklimmen. Dank Sessellift mit Bikehalterung und weitläufigem Wegenetz und Bikepark ist er auch bei Mountainbikern sehr beliebt. Oder wie wäre es mit einer Entdeckertour durch das Felsenlabyrinth Luisenburg bei Wunsiedel? Es ist das größte seiner Art in Europa.

Ein Sprung in den am Platz gelegenen Fichtelsee darf natürlich gleichfalls nicht ausgelassen werden. Sogar mit dem SUP darf man hier paddeln, das ist nicht in allen Gewässern der Region erlaubt. Der Fünf-Sterne-Platz verspricht nach einem ereignisreichen Tag in der Natur Entspannung auf großzügig bemessenen Stellplätzen. In der Saison kommt morgens der Bäcker vorbei, weitere Einkaufsmöglichkeiten gibt es erst wieder im Ort Fichtelberg.

Campingplatz Fichtelsee · Fichtelseestraße 30 · 95686 Fichtelberg
Tel. 09272/801 · camping-fichtelsee.de · GPS: 50.016694, 11.855392

72 Glück in der Höhe

DER HÖHENGLÜCKSTEIG BEI HIRSCHBACH nahe Nürnberg ist zwar auch für Anfänger geeignet, doch ohne Klettersteigausrüstung darf man sich nicht an den Felsen wagen. Schließlich geht es auf einem der anspruchsvollsten Steige der deutschen Mittelgebirge oft am nackten Stein entlang, gesichert an einem Drahtseil. Zwar werden im Vergleich zu Klettersteigen in den Alpen nicht viele Höhenmeter überwunden, doch an vielen Stellen geht es mehrere Meter senkrecht hinunter, auch Überhänge sind dabei. Der Steig ist in drei Etappen mit Abschnitten unterschiedlicher Schwierigkeitsgrade gegliedert. Je nach Können und Ausdauer können einzelne Abschnitte – wie übrigens alle Kletterpartien insgesamt – auch jederzeit umgangen werden. Am Ende der letzten, anstrengendsten Etappe wird man für seine Mühen mit herrlichen Ausblicken über das Hirschbachtal belohnt! Für Kinder gibt es eine Bambini-Route, sie ermöglicht den Kleinen ebenfalls einen sicheren Kletterspaß. Die Klettersteige werden vom Deutschen Alpenverein gewartet.

Neben dem Höhenglücksteig gibt es hier außerdem den Norissteig, beide sind vom Wanderparkplatz aus schnell zu erreichen. Die Beschilderung ist ausreichend, sodass die Einstiege auch ohne Karte gut gefunden werden. Übernachten kann man direkt auf dem Wanderparkplatz oder auf dem Parkplatz des naheliegenden Freibads – dieser ist eher für kürzere Wohnmobile geeignet. Im Winter ist die Übernachtung kostenfrei, von Mai bis August muss ein Ticket am Automaten am Freibad gelöst werden. Gegen Gebühr können dann auch die Sanitäranlagen des Freibads genutzt werden.

Mehr Infos zum Klettersteig finden sich unter:
via-ferrata.de/klettersteige/topo/hoehenglueckssteig

Parkplatz Klettersteig Hohenglücksteig · 92275 Hirschbach
GPS: 49.551825, 11.524779

↑ Die Einstiege in die Kletter-Passagen sind gut ausgeschildert.
↓ Mehrere Parkplätze stehen entlang der Straße zur Verfügung.

↑ Die riesige Kugel ist von weit her zu sehen.
↓ Eine Runde im oder um den See ist immer drin.

73 Rumkugeln am See

AM STEINBERGER SEE IN DER OBERPFALZ steht eine Holzkugel – genau genommen die größte begehbare Erlebnisholzkugel der Welt! Was darf man sich darunter vorstellen? Zunächst die Fakten: Die Kugel wiegt rund 500 Tonnen, ist 40 Meter hoch, hat 50 Meter Durchmesser, 30 Erlebnisstationen, 2 Hängebrücken und eine Panoramaplattform. Die verwendeten 800 Kubikmeter Lärchenholz werden durch 40 000 Schrauben und 18 000 Bolzen zusammengehalten. Insgesamt ist die Kugel eine architektonische Meisterleistung.

Für die Besucher geht es den sanft aufsteigenden Weg am Innenrand hinauf. Unterwegs gibt es immer wieder Möglichkeiten, seine Geschicklichkeit – und Schwindelfreiheit – zu testen: Etwa indem man über kleine Netze oder wacklige Platten balanciert, mit freiem Blick nach unten versteht sich. Wer das nicht möchte, hält sich einfach an den breiten Weg. Auch ängstliche Zeitgenossen kommen so in den Genuss des herrlichen Rundumblicks auf der obersten Plattform. Das absolute Highlight für Groß und Klein ist jedoch die 80 Meter lange Rutsche im Inneren der Kugel! Von unten eine Matte zum Rutschen mitgenommen und dann braucht es nur ein bisschen Mut, sich in die steile Röhre zu wagen. Die rasante Fahrt ist schnell vorbei, aber es gibt ja immer die Möglichkeit, noch einmal hochzulaufen. Nur eine Viertelstunde entfernt befindet sich der gemütliche Campingplatz Weichselbrunn. Idyllisch am Hammersee gelegen, kann man auf diesem ökologisch betriebenen Platz perfekt ausspannen. Wander- und Radwege in die Umgebung und natürlich der See vor der Nase bieten viel Abwechslung. Der Platz hat von Ostern bis Oktober geöffnet.

Erlebnisholzkugel · In der Oder 7 · 92449 Steinberg am See
Tel. 09431/798 65 16 · dieholzkugel.de
Camping Weichselbrunn · Ludwigsheide 50 · 92439 Bodenwöhr
Tel. 09434/900 70 · campingweichselbrunn.de · GPS: 49.27688, 12.30004

74 Ein Ort – viele Möglichkeiten

WELCHES ELEMENT IST DAS SCHÖNSTE? Wasser, Erde, Luft – außer Feuer hat die Erlebniswelt-Velburg alles im Angebot. Die Aktivitäten reichen vom Schwimmen im See bis zum Erkunden einer Tropfsteinhöhle und dem Ausloten der eigenen Grenzen im Hochseilgarten.

Sogar eine Elemente-Kombi von Erde und Wasser gibt es: beim Quad Fahren durch den Matsch! Strapazierfähige Klamotten, die dreckig werden dürfen, sind hier ein Muss. Nach einer Einweisung geht es auch schon los – wer findet auf der Tour das schönste Matschloch? Etwas ruhiger, aber nicht weniger spannend verläuft der Besuch der König-Otto-Tropfsteinhöhle. Die mächtige Höhle wurde einst durch Zufall entdeckt und kann ausschließlich im Rahmen einer Führung besichtigt werden. In die andere Richtung, in ein anderes Element, geht es im Hochseilgarten. Mit den vielen kleineren und größeren Hindernissen ist man so beschäftigt, dass Höhenangst gar nicht erst aufkommen kann.

Die Saison dauert hier von Anfang April bis Ende Oktober, während der bayerischen Schulferien gibt es verlängerte Öffnungszeiten. Eine Kleinigkeit zu essen gibt es im Restaurant vor Ort, übernachtet werden darf auf dem Parkplatz ohne Ausstattung. Wer es komfortabler mag, der fährt nur zehn Minuten weiter zum Campingplatz Hauenstein. Direkt neben einem Naturbad wartet hier ein entspannter, voll ausgestatteter Platz mit grünen Wiesenplätzen auf die Besucher. Zur etwa fünf Kilometer entfernten Tropfsteinhöhle kann man von hier aus auch wandern, während das rollende Zuhause auf dem Platz stehen bleibt. Zurück vom Abenteuer können die Gäste eine heiße Dusche genießen und dann geht es ab in den Liegestuhl vor dem Camper.

Erlebniswelt-Velburg · St. Colomann 11 · 92355 Velburg
Tel. 09182/446 · erlebniswelt-velburg.de
Campingplatz Am Hauenstein · Seestraße 9–11 · 92355 Velburg
Tel. 09182/454 · campingamhauenstein.de · GPS: 49.21763, 11.66856

↑ Gut gesichert kann der Spaß losgehen.
↓ Das hört man sonst nicht oft: Gut, dass es geregnet hat!

↑ Aller Anfang ist wackelig, doch Übung macht den Meister!
↓ Der Brombachsee bietet jede Menge sportliche Möglichkeiten.

75 Drei, zwei, eins ...

... **PLATSCH! DER ERSTE VERSUCH** auf dem Wakeboard oder auf Wasserski endet meist nach wenigen Sekunden. Da macht es Sinn, zunächst einen Kurs an der Übungsanlage des Wakeparks Brombachsee zu buchen. Für Fortgeschrittene gibt es dann ein 600 Meter langes Full Size Cable, an dem eine Geschwindigkeit von bis zu 30 Stundenkilometern möglich ist. Oder man versucht sich erst einmal beim Klettern im Aqua Park. Eine ganze Runde, ohne ins Wasser zu fallen – das ist schier unmöglich und bedeutet auch nur halb so viel Spaß!

Wer dem Ganzen lieber zuschaut, kann dies bequem von der angrenzenden Beach Bar aus tun. Sportliche Höchstleistungen sind hier jedoch nicht nur auf dem Wasser möglich. Schon einmal einen Turm aus Getränkekisten aufgebaut und derweil auf der jeweils obersten Kiste balanciert? Gut gesichert mit Seil und Helm ist diese wacklige Angelegenheit ein echter Geschicklichkeitstest. Für etwas gemütlichere Touren runden ein SUP-Verleih und mehrere Radwege rund um den Brombachsee das Angebot ab. Für Hunde gibt es einen eigenen Strand mit Hundespielplatz gleich auf der Halbinsel Absberg.

Die Zeltwiese Absberg bietet neben verschiedenen Arealen für Zelte außerdem die Möglichkeit, auf einem von zwölf Stellplätzen direkt am Ufer des Sees zu übernachten. Hier empfiehlt es sich, vorher online zu reservieren. Mit direktem Blick auf den See und die Wakeboard-Anlage kann man den Tag vor seinem Wohnmobil gemütlich ausklingen lassen. Alternativ können Urlauber auf dem benachbarten Reisemobilhafen Badehalbinsel Absberg stehen. Dort haben gut 400 Wohnmobile Platz und es findet sich auch spontan immer noch eine Lücke.

Wakepark Brombachsee und Zeltwiese Absberg · Badehalbinsel 7
91720 Absberg · wakepark-brombachsee.de · zeltwiese-absberg.de
GPS: 49.137543, 10.877450

76 Adrenalinkick auf zwei Rädern

TRAILS MIT FLOW-FAKTOR, TRICKS oder actionreiches Downhill – im MTB Zone Bikepark am Geisskopf geht es rasant den Berg hinunter, so viel ist klar. Bei der Konzeption der Strecken wurde darauf geachtet, dass sowohl Anfänger als auch Fortgeschrittene hier eine abwechslungsreiche Zeit verbringen können. Der Sessellift bringt die Fahrrad-Enthusiasten den Berg hinauf, die einzelnen Trails sind gut ausgeschildert.

Wer bisher nur mit dem Hollandrad unterwegs war, für den gibt es erstmal einen Kurs, entsprechende Ausrüstung inklusive. Mit der richtigen Anleitung hat man sich schnell auf das Mountainbike eingestellt und das Achterbahn-Gefühl auf dem Flow Country Trail entschädigt für den ordentlichen Muskelkater am nächsten Tag. Auch für Kinder gibt es Kurse und die Strecken sind teilweise schon ab sechs Jahren freigegeben. Bikes können vor Ort ausgeliehen werden, eine vorherige Reservierung wird empfohlen, damit für jeden das Passende dabei ist.

Wer lieber festen Boden unter den Füßen hat, kann sich in einer weiteren eher ungewöhnlichen Sportart versuchen: Beim traditionellen Bogenschießen sind Kraft und Konzentration gefragt. Am Anfang erscheint es eher Glückssache, ob man das Ziel trifft, doch bald hat man den »Bogen raus«. Die Ausrüstung und eine Einweisung in den 3D-Bogenpark erhalten die Urlauber im Shop neben der Bikestation. Auch hier wird eine Anmeldung empfohlen.

Nach einem anstrengenden Tag am Berg wird man müde, aber zufrieden direkt ins Bett fallen – denn mit dem Camper darf auf dem Parkplatz übernachtet werden. Für kleines Geld stehen den Campern Duschen, Toiletten und Stromanschlüsse in begrenztem Umfang zur Verfügung.

MTB Zone Bikepark Geisskopf · Unterbreitenau 1 · 94253 Bischofsmais
Tel. 09920/90 31 35 · mtbzone-bikepark.com/geisskopf
GPS: 48.934176, 13.042452

↑ Wie praktisch, dass man den Berg nicht selbst hochfahren muss.
↓ Bei einem Kurs lernen auch Anfänger schnell den Umgang mit dem Bike.

77 Urlaub in der bayerischen Toskana

SANFTE HÜGEL, GRÜNE WIESEN und kleine Dörfer – zwischen Passau und Bad Füssing ist die bayerische Landidylle noch perfekt. Das große, ganzjährig geöffnete Vital CAMP Bayerbach bietet von seinen terrassenförmig angelegten Panorama-Stellplätzen einen tollen Ausblick in das umliegende Rottal. Die Wanderschuhe dürfen hier nicht zuhause bleiben, rund um das Örtchen Bad Birnbach verlaufen viele gut ausgeschilderte Rundwanderungen. Für Zweiradfans gibt es Touren mit verschiedenen Schwierigkeitsgraden, je nachdem, wie sportlich man unterwegs sein möchte. Leihräder, auch E-Bikes, bekommt man im nahen Bad Birnbach. Etwas ruhiger, jedoch keineswegs unsportlich, geht es beim Golfen zu. Gleich zwei Golfclubs befinden sich in der Nähe und bieten Rabatt für die

Auf die Besucher wartet eine Wellness-Oase.

Campinggäste an. Für die nötige Abkühlung sorgen zwei große, liebevoll gepflegte Naturbadeseen. Nach einem Tag am Wasser ist der Alltag ganz weit weg und das Urlaubsfeeling perfekt. Noch entspannter lässt sich die Zeit im platzeigenen Thermalhallenbad verbringen. Wohltuendes warmes Wasser auf Schwefelbasis lockert die Muskulatur und stärkt die Abwehrkräfte. Abgerundet wird das Wellness-Angebot durch eine Saunawelt, die gerade an kälteren Tagen eine wunderbare Ergänzung zum Outdoor-Programm ist. Im eigenen Beauty-Studio »Voi schee« kann man es sich ebenfalls gut gehen lassen.

Der Familien- und Eventgasthof Huckenhamer Stadl lädt während der Hauptsaison zum deftigen Schmausen ein, in der Nebensaison gibt es ein Bistro. Wem der Kiosk für die Einkäufe nicht ausreicht, kann sich zum platzeigenen Supermarkt in Laufnähe aufmachen.

Vital CAMP Bayerbach · Huckenham 11 · 94137 Bayerbach
Tel. 08532/927 80 70 · vitalcamping-bayerbach.de
GPS: 48.415679, 13.129118

Neben Stellplätzen gibt es auch eine große Zeltwiese.

78 Blauer Himmel und weißes Gold

WEISSES GOLD, SO WIRD SALZ AUCH GENANNT. Und das zu Recht, so manche Stadt ist durch ihre Salzvorkommen zu Ruhm und Reichtum gekommen. Das beschauliche Bad Reichenhall ist dafür ein gutes Beispiel, vielen dürfte es vor allem durch die Salzkartons im Supermarkt ein Begriff sein. Kein Wunder, dass es dann auch viel Know-how vor Ort gibt.

In der heute wohl bekanntesten Salzstadt Deutschlands wird vermutlich schon seit der Bronzezeit vor über 3000 Jahren Salz abgebaut. Im Salzmuseum der Alten Saline Bad Reichenhall wird anschaulich erklärt, wie sich die Salzindustrie in den vergangenen Jahrhunderten entwickelt hat. Die alte Saline bietet hierfür nicht nur die historische Kulisse, der prächtige Industriebau ist auch wunderschön anzusehen! Bei einer Führung haben die Besucher außerdem die Möglichkeit, die alte Saline unter Tage zu erkunden. Hier herrschen auch im Sommer konstante zwölf Grad, deshalb sollte man warme Kleidung mitbringen.

Da die Saline sich direkt im Zentrum von Bad Reichenhall befindet, lohnt sich ein Spaziergang durch die Gassen der Altstadt. Die schmucken Bauten zeugen von dem Reichtum, den das Salz über die Jahrhunderte in die Kleinstadt gebracht hat.

Der Wohnmobilpark an der Rupertus-Therme liegt ein Stückchen außerhalb der Innenstadt, etwa zwei Kilometer von der Alten Saline entfernt. Am Ufer der Saalach steht man hier auf 25 Stellplätzen mit herrlichem Blick auf das die Stadt umgebende Alpenpanorama. Strom, Ver- und Entsorgung sind vorhanden, jedoch keine sanitären Anlagen. Bezahlt wird am Automaten und eine Ermäßigung für den Eintritt in die Therme gibt es auch noch dazu.

Alte Saline · Alte Saline 9 · 83435 Bad Reichenhall
Tel. 08651/70 02 61 46 · alte-saline.de
Wohnmobilpark »An der Rupertus-Therme« · Hammerschmiedweg 1
83435 Bad Reichenhall · Tel. 08651/762 20 · rupertustherme.de
GPS: 47.734468, 12.875484

↑ Bei einer Führung wird den Besuchern die Salzgewinnung erklärt.
↓ Autarke Camper können hier das ganze Jahr über stehen.

↑ Für Unterhaltung ist auch bei Schmuddelwetter gesorgt.
↓ Urige, bayerische Gemütlichkeit empfängt hier die Gäste.

79 Campen wie ein Kaiser

SÜDÖSTLICH VON MÜNCHEN, im Herzen von Oberbayern, treffen bayerische Gemütlichkeit und sportliche Herausforderung aufeinander. Beides dürfen die Gäste im Kaiser Camping Outdoor Resort in vollen Zügen genießen. Auf dem großen Gelände gibt es vom Brötchenservice bis zum Indoor-Freizeitcenter alles, was man sich so vorstellen kann.

Vor der atemberaubenden Kulisse des Voralpenlandes können sich Groß und Klein bei allerlei Aktivitäten austoben – oder einfach einmal die Seele baumeln lassen und entspannen. Für jeden ist etwas dabei, ob direkt auf dem weitläufigen Gelände des Resorts oder außerhalb, ob angeleitet oder auf eigene Faust. Es gibt Angebote für alle Fitnesslevel, von entspanntem Nordic Walking bis zum Auspowern beim Zirkeltraining. Oder wie wäre es mit einer Runde Aqua-Fitness im Naturpool? Bei geführten Fahrrad- oder Mountainbike-Touren kann man die herrlichen Ausblicke auf sich wirken lassen, ohne selbst navigieren zu müssen. Das Beste: Das vielfältige Angebot ist für Campinggäste inklusive.

Ein großes Wanderwegenetz lässt außerdem die Sohlen qualmen. Halbtagestouren zu den Jenbacher Wasserfällen oder ins Moor Sterntaler Filze können direkt vom Platz aus starten. Im Winter warten die Skigebiete rund um den Platz auf Besucher, unter anderem das große Skiparadies Sudelfeld.

Das kühle Getränk nach einem ereignisreichen Tag schmeckt am besten in der urigen Kaiseralm mit Biergarten. Bei einer zünftigen Brotzeit mit Blick auf den Gebirgsbach, der den Platz einrahmt, können die Urlauber den Tag noch einmal Revue passieren lassen.

In dem beliebten Resort sollte in der Hauptsaison vorher reserviert werden. Die Öffnungszeiten sind von April bis November sowie über Weihnachten und Neujahr.

Kaiser Camping Outdoor Resort · Reithof 2 · 83075 Bad Feilnbach
Tel. 08066/88 44 00 · kaiser-camping.com · GPS: 47.789045, 12.005372

80 Faszination Bergwelt

LUXURIÖS URLAUBEN UND DABEI VIEL ERLEBEN – das kann man auf dem Alpen-Caravanpark Tennsee bei Garmisch-Partenkirchen. Der Fünf-Sterne-Platz bietet jeden Komfort, und zwar das ganze Jahr über. Übrigens: Der »Tennsee« ist kein See im eigentlichen Sinne, sondern ein Biotop, das mal mehr und mal weniger Wasser führen kann. Doch nur wenige Minuten entfernt, gibt es mit dem Barmsee und dem Grubsee bereits Bademöglichkeiten in glasklarem Wasser.

Der Berg ruft – oder besser: Die ganzen Alpen rufen nach den erlebnishungrigen Urlaubern. Von Wandern, Radfahren über Nordic Walking, Klettern bis zu Skifahren und Reiten ist hier für jeden zu jeder Jahreszeit etwas dabei. Wie wäre es zum Beispiel mit Ausblicken auf das tosende Wasser der Leutaschklamm? Am besten legt man die knapp neun Kilometer bis zur Klamm mit dem Fahrrad zurück, es gibt aber auch einen kostenpflichtigen Parkplatz am Eingang der Klamm. Kinder – und neugierig gebliebene Erwachsene – erwartet der Koboldpfad, der spielerisch über den Geist der Klamm berichtet. Die Wege sind nicht anspruchsvoll, man sollte allerdings schwindelfrei sein, denn oft bestehen sie aus grobmaschigen Gittern, die den Blick nach unten auf das schäumende Wasser freigeben. Das macht Teile der Strecke leider für Hundepfoten schwierig, das sollte man als Besitzer bedenken.

Für die nassen Winterklamotten gibt es einen Trockenraum, für das verdreckte Wohnmobil einen kostenlosen Autowaschplatz und für den kleinen und großen Hunger ein eigenes Restaurant. Von gutbürgerlich bis international gibt es hier hochwertige Speisen für jeden Geschmack. Kurzurlaubern steht ein voll ausgestatteter Reisemobilhafen direkt vor den Toren des eigentlichen Campingplatzes zur Verfügung.

Alpen-Caravanpark Tennsee · Am Tennsee 1 · 82494 Krün · Tel. 08825/170
camping-tennsee.de · GPS: 47.490449, 11.254960

↑ Die Alpenwelt wartet mit Touren aller Art.
↓ Im Restaurant gibt es auch leckere selbstgemachte Kuchen und Torten!

↑ Die Bergwelt hat einen ganz besonderen Charme.
↓ Auf dem Stellplatz ist man fast schon auf dem Sprung in die Berge.

81 Der Berg ruft

WENN DIE WINTERSPERRE von September bis Mitte Juni geht, dann ist das ein eindeutiges Zeichen: Hier geht es hoch hinaus. Doch es lohnt sich, die kurzen Öffnungszeiten des Mittenwalder Klettersteigs abzupassen, denn die Aussichten sind einfach atemberaubend! Der Steig ist am einfachsten von der Bergstation der Karwendelbahn zu erreichen. Obwohl er nicht allzu schwierig ist, macht ihn allein seine Länge anspruchsvoll. Eine Klettersteigausrüstung ist erforderlich und kann in der örtlichen Kletterschule ausgeliehen werden. Dort gibt es auch die Möglichkeit, an einer geführten Tour teilzunehmen. Hierbei wird auch immer jede Menge Hintergrundwissen übers Bergsteigen vermittelt. Außerhalb der Klettersteig-Saison gibt es trotzdem die Möglichkeit, in die Berge zu kommen. Schneeschuh-Wanderungen sind dabei ein durchaus anspruchsvolles Vergnügen.
Zum Übernachten bietet sich der Wohnmobilstellplatz an der Talstation der Wankbahn an. Gelegen auf einem Abschnitt des regulären Parkplatzes, können hier auch längere Fahrzeuge bequem stehen. Es gibt neben WCs/Duschen, Strom und Ver- und Entsorgung auch die Möglichkeit zum Tausch von Gasflaschen. Mit der obligatorischen Kurtaxe kommt auch eine kostenlose Busfahrkarte (die Haltestelle ist direkt am Platz). Die Buslinien 4 und 5 fahren während der Saison in wenigen Minuten nach Garmisch-Partenkirchen. Statt der im Sommer schnell überlaufenen Zugspitze könnte man auch einfach den »platzeigenen« Panoramaberg Wank erkunden. Wie wäre es mit einem entspannten Frühstück auf der Sonnenalm auf 1700 Metern Höhe? Stellplatzbesucher erhalten hier sogar eine Vergünstigung für das Frühstück (Kombiticket erhältlich bei der Rezeption).

Bergschule Alpenwelt Karwendel · Im Gries 16 · 82481 Mittenwald
Tel. 0175/246 69 66 · bergfuehrer-mittenwald.de
Camp am Wank · Wankbahnstraße 2 · 82467 Garmisch-Partenkirchen
Tel. 08821/797 25 50 · zugspitze.de/camp · GPS: 47.504730, 11.107292

82 Entspannung, Sport, Inspiration

GERADE IM URLAUB MÖCHTEN WIR rundum verwöhnt werden, schließlich ist Urlaub mehr als die Abwesenheit von Arbeit. Beim Camping Hopfensee nahe der Stadt Füssen werden alle Sinne angesprochen. Der herrliche Blick über den See mit Bergpanorama im Hintergrund lädt zum Träumen ein und macht Lust darauf, die Umgebung zu erkunden.

In der platzeigenen Wellnessoase steigt einem der Duft der Zirbenholzsauna in die Nase. Während einer Massage aus dem umfangreichen Wellnessangebot schmilzt auch das letzte bisschen Alltagsstress dahin – man sollte jedoch rechtzeitig reservieren! Bei »Tante Paula« gibt es Leckeres für den Gaumen, auch vegetarisch und vegan. Wer offen ist für Neues, der kann hier viel entdecken. Angeboten werden Kurse für alle, die einmal Yoga, Meditation oder Nordic Walking ausprobieren möchten. Geführte Themenwanderungen gehören ebenfalls zum Programm. Eine Idee für die nächste Urlaubsreise gefällig? Professionelle Vorträge über Destinationen in der Umgebung und auf der ganzen Welt beflügeln die Fantasie. Apropos Fantasie: Ob die Geschichten der Sagenerzählerin nicht doch ein Körnchen Wahrheit enthalten, muss jeder selbst herausfinden.

Der Platz befindet sich inmitten einer ausgesprochenen Winter-Urlaubsregion und hat das ganze Jahr geöffnet. Geräumte Wanderwege und präparierte Langlaufloipen starten direkt vom Platz aus, es gibt sogar einen eigenen Skilift für Anfänger. Nicht nur für Kulturbegeisterte gehört ein Besuch von Schloss Neuschwanstein zum Pflichtprogramm. Hier empfiehlt sich ein früher Start, denn ab dem späten Vormittag fahren die Reisebusse vor. Und wenn man schon einmal dabei ist, lohnt sich auch ein Besuch bei Schloss Hohenschwangau, am besten mit dem Kombi-Ticket für beide Schlösser.

Camping Hopfensee · Fischerbichl 17 · 87629 Füssen im Allgäu
Tel. 08362/91 77 10 · camping-hopfensee.de · GPS: 47.601512, 10.684058

↑ Einfach mal die Seele baumeln lassen, das ist Urlaub!
↓ Ein Winter-Wunderland erwartet die Besucher.

↑ Die Luft hier oben zählt laut WHO zu den besten weltweit.
↓ Der Platz liegt mittig zwischen zwei Skiliften und neben zwei Bergbahnen.

83 Eine Heimat in den Bergen

IM HÖCHSTEN SKI- UND BERGDORF Deutschlands kann man nicht nur allen Arten des Bergsports frönen, es gibt auch den ganzjährig geöffneten Campingplatz Bergheimat. Bei glasklarer, frischer Bergluft kommen hier bewegungshungrige Alpinfreunde im Sommer wie im Winter auf dem terrassenförmig angelegten Platz voll auf ihre Kosten. Das beginnt bereits auf dem Platz selbst, wo man sich auf Profi-Trampolinen warmhüpfen kann.

Natürlich wollen die Urlauber hier die umliegenden Berge erkunden, dafür fährt man schließlich bis in den hintersten Winkel des Allgäus. Mit der in der Übernachtung inbegriffenen Bad-Hindelang-Gästekarte sind nicht nur die Gondeln und viele weitere Attraktionen rund um den Campingplatz kostenlos nutzbar. Ein elektrischer Kleinbus, das Emmi-Mobil, kann per App bestellt werden und fährt zu Zielen in der ganzen Gemeinde. Ob Skifahren und Schneeschuhwandern im Winter oder Wandern und Radfahren im Sommer: Alle Touren – von familiengerecht bis zur hochalpinen Herausforderung – können vom Campingplatz aus starten. Das Fahrzeug kann bequem stehenbleiben und das ist auch gut so, denn im Winter ist die Anfahrt schon eine kleine Herausforderung – daher gilt auch eine Schneekettenpflicht.

Abends können sich die Gäste in der gemütlichen Kaminstube oder gleich in der platzeigenen Sauna aufwärmen. Auf der Website des Platzes sind die einzelnen Stellplätze mit Beschreibung der Sonnen- und Schattenzeiten genau aufgelistet, man weiß also bereits vorher, was einen erwartet. Ein kleiner Shop und Semmeln – für nicht-Bayern: Brötchen – zum Frühstück helfen über den kleinen Hunger.

Camping Bergheimat · Paßstr. 60 · 87541 Oberjoch · Tel. 08324/71 08
camping-bergheimat.de · GPS: 47.518830, 10.424036

84 Heilsames Saunieren unter Palmen

IM WARMEN WASSER PLANSCHEN und dabei fruchtige Cocktails schlürfen, das Ganze mit Blick auf Palmen: Nein, wir befinden uns nicht in der Südsee, sondern im Unterallgäu. Die Therme im Kneippkurort Bad Wörishofen verspricht Erholung und Urlaubsfeeling. Unter einer riesigen Glaskuppel, die bei schönem Wetter geöffnet wird, befindet sich eine üppige Wasser- und Wohlfühllandschaft. Das Wasser stammt aus über einem Kilometer Tiefe und hat aufgrund des außergewöhnlich hohen Mineraliengehalts nicht nur wohltuende, sondern heilende Wirkung. In den zwölf Saunen zu unterschiedlichen Themenschwerpunkten kommt man gehörig ins Schwitzen und wer es nicht ganz so heiß mag, der kann ins »Backhäusle« gehen. Hier ist der Name Programm: Bei »nur« 55 Grad wird zum Saunieren frisch gebackenes Brot serviert. Oder wie wäre es mit einer entspannenden Massage? Der Zugang zu Therme und Saunabereich ist auf Besucher ab 16 Jahre beschränkt. Die Ausnahme: Samstags von 9 bis 19 Uhr ist Familientag!

Zum Übernachtungsplatz hat man es hier nicht weit, die Therme hat sich einen eigenen Reisemobilpark gegönnt. Auf 50 Plätzen dürfen hier Fahrzeuge mit einer Länge von bis zu acht Metern stehen, Platzreservierungen sind nicht möglich. Die Gebühr kann an der Saunakasse der Therme gezahlt werden, Strom ist inklusive. Für die Brötchen am Morgen gibt es einen Service. Eine kleine Ermäßigung auf den Eintrittspreis sowie die Bad-Wörishofer-Kurkarte gibt es obendrauf. Damit lässt sich die kleine Stadt gut erkunden, denn neben Nutzung der Busse sind auch Teilnahmen an Stadtführungen sowie der Besuch von kulturellen Veranstaltungen und des Sebastian-Kneipp-Museums vergünstigt oder kostenlos.

Therme Bad Wörishofen · Thermenallee 1 · 86825 Bad Wörishofen
Tel. 08247/39 93 00 · therme-badwoerishofen.de
GPS: 48.021846, 10.590121

↑ Auch der »normale« Saunabesuch wird hier zum Erlebnis.
↓ Direkt aus der Sauna ins eigene Bett fallen, das ist Luxus.

↑ Schwerelos den Ausblick genießen
↓ Die perfekte Winter-Idylle

85 Frei wie ein Vogel

DER TRAUM VOM FLIEGEN ist wahrscheinlich so alt wie die Menschheit selbst. Uns wie ein Vogel in die Lüfte zu schwingen, das ist uns leider nicht vergönnt. Doch es gibt eine Möglichkeit, dem Gefühl ganz nah zu kommen – und das ohne Vorerfahrung und langwieriges Training: mit einem Gleitschirm durch die Luft schweben und den Ausblick auf das Oberallgäu genießen! In Oberstdorf und Obermaiselstein bietet die Oase Flugschule das ganze Jahr über Tandemflüge mit erfahrenen Piloten an.
Treffpunkt ist meist an der Flugschule in Obermaiselstein. Von dort geht es mit der Gondel auf den Flugberg Hörnerbahn. Dann heißt es, ordentlich Anlauf nehmen, und schon gleitet man über das Tal hinweg. Die herrlichen Aussichten auf die plötzlich so klein erscheinende Bergwelt lassen die Zeit buchstäblich wie im Flug vergehen. Geflogen wird bis zur Flugschule mit eigenem Landeplatz. Wer dann noch nicht genug hat, für den gibt es auch Flüge vom höher gelegenen Nebelhorn aus. Startpunkt hierfür ist in Oberstdorf, allerdings muss das Wetter gut mitspielen.
Nur einen Katzensprung von der Dependance der Flugschule in Oberstdorf entfernt, befindet sich der große, voll ausgestattete Wohnmobilstellplatz Oberstdorf. Ganzjährig geöffnet ist er die ideale Basis, um den bekannten Wintersportort und die Umgebung zu erkunden. Die schicken Sanitäreinrichtungen erinnern eher an einen Camping- als an einen Stellplatz. Kleiner Tipp: Nicht vergessen, Duschmarken an der Rezeption zu kaufen. In nur wenigen Minuten ist man in der Stadt mit ihren Einkaufs- und Einkehrmöglichkeiten. Eine Reservierung der Plätze ist nicht möglich.

Oase Flugschule Peter Geg · Am Auwald 1 · 87538 Obermaiselstein
Tel. 08326/380 36 · oase-paragliding.com
Wohnmobilstellplatz Oberstdorf · Hermann-von-Barth-Straße 9
87561 Oberstdorf · Tel. 08322/180 · wohnmobilstellplatz-oberstdorf.de
GPS: 47.408117, 10.285154

Bildnachweis

Umschlagvorderseite o. l.: Adobe Stock / Arochan, o. r.: shutterstock / Abigali Marie, u.: Autorin, Umschlagrückseite: Vital CAMP Bayerbach, Autorenporträt: Sebastian Hilke, S. 7: Wanderbüro_SH_Kappest, S. 9: Outtour Aktivreisen, S. 10 und 11: Naturpark-Camping Prinzenholz, S. 12 o. und u.: Südbrookmerland Touristik GmbH, S. 15 o. und u.: Camping- und Bungalowpark Ottermeer, S. 16 o.: Wattwanderzentrum Ostfriesland, S. 16 u.: Campingplatz Harlesiel, S. 19 o.: Universum® Bremen, S. 19 u.: Reisemobilstellplatz am Kuhhirten, S. 20 o.: Eselei Woltringhausen, S. 20 u.: Moorcamp, S. 23 o. und u.: Erholungsgebiet DoktorSee, S. 24 o. und u.: Ferienpark Geesthof, S. 27 o. und u.: Wildpark Schwarze Berge, S. 28 o. und u.: Kletterpark Höhenwegarena, S. 31 o. und u., 32 und 33: FB Camping Gruppe, S. 34 o.: Shutterstock / Mendelex, S. 34 u.: Shutterstock / Roman Sigaev, S. 37 o.: Nordstadtlicht, S. 37 u.: Stadt Bad Harzburg, S. 38 o. und u.: Naturpark-Camping Prinzenholz, S. 41 o. und u.: Naturcamping Bolter Kanal / Müritzparadies, S. 42 o.: Shutterstock / guentermanaus, S. 42 u.: Kanustation Mirow, S. 44, 45 und 47 o.: BAUM&ZEIT, S. 46 u.: Spargelhof Klaistow, S. 48 und 49: Campingplatz am Dreetzsee, S. 51 o.: Zweckverband LSB / Harry Müller, S. 51 u.: Zweckverband LSB / Christian Große, S. 52 o. und u.: Erlebniscamping Lausitz, S. 55 o. und u.: Neiße-Aktiv-Camp, S. 56 o. und u.: Hans Jörg Kluge, S. 59 o. und u.: Sächsische Schweiz Aktiv, S. 60 o.: Steffen Haufe, S. 60 u.: Roy Wieland, S. 63 o.: Kanupark Markkleeberg, S. 63 u.: Campingplatz Markkleeberger See, S. 64: Sebastian Hilke, S. 67 o.: KsDW / Peter Dafinger, S. 67 u.: KsDW / Heinz Fräßdorf, S. 68 o.: Messe- und Veranstaltungsgesellschaft Magdeburg GmbH / Elbauenpark, S. 68 u.: Wohnmobilstellplatz am Winterhafen, S. 71 o.: Harzdrenalin GmbH / Blende2, S. 71 u.: Hotel Talsperre, S. 72 o. und u.: Outtour Aktivreisen, S. 75 o.: Sternevent GmbH / Don Eck, S. 75 u.: Campingplatz »Unter dem Jenzig«, S. 76 o. und u.: Grenzmuseum Schifflersgrund, S. 78 und 79: Seepark Ternsche, S. 81 o. und u.: Michael Zörgiebel, S. 82: Campingplatz Rotenburg an der Fulda, S. 83: German Quest Events, S. 85 o. und u.: Campingplatz Nieder-Mooser See, S. 86 o. und u.: Ferienanlage Erzeberg, S. 89 o.: Shutterstock / Moskwa, S. 89 u.: Shutterstock / AmKam, S. 90 o. und u.: Wohnmobilpark Willingen, S. 93 o.: Mathematikum / Rolf K. Wegst, S. 93 u.: Goethe Camping Wetzlar, S. 94 o. und u.: Stadt Lorsch, S. 97 o. und u.: Straußenhof Möller, S. 98 o.: Shutterstock / Wirestock Creators, S. 98

u.: Campingplatz Winterberg, S. 101 o. und u.: Seepark Ternsche, S. 102 o. und u.: Jochen Tack / Stiftung Zollverein, S. 105 o. und u.: Sternenzelt Alpakas, S. 106 o.: Deutsches Sport&Olympiamuseum / D. Jacobi, S. 106 u.: Reisemobilhafen Köln, S. 109 o. und u.: Dive4life Indoortauchcenter, S. 110 o.: LVR-Freilichtmuseum Kommern / Ute Herborg, S. 110 u.: Seepark Zülpich, S. 113 o. und u.: Wellness-Rheinpark-Camping, S. 114 o.: L. Rörig, S. 114 u.: Green Camping am Rhein, S. 116 und 117: Stadt Mörsdorf / Geierlay, S. 118 o. und u.: Wohnmobilpark Vulkaneifel, S. 121 o.: Dynamikum / Fotograf axl klein, S. 121 u.: Stadtverwaltung Pirmasens, S. 122 o.: Shutterstock / Sina Ettmer Photography, S. 122 u.: Technik Museum Speyer, S. 124 und 125: Alpen-Caravanpark Tennsee, S. 127 o. und u.: Camping Kleinenzhof, S. 128 o. und u.: Höhencamping Königskanzel, S. 131 o. und u.: Campingplatz Trendcamping, S. 132 o. und u.: Europa-Park, S. 135 o. und u.: Stadt Bad Krozingen, S. 136 o. und u.: Camping Münstertal, S. 139 o. und u.: Rhein-Camping Waldshut, S. 140 o. und u.: Wirthshof Camping, S. 143 o. und u.: Stadt Ehingen, S. 144 und 145: Camping Heidehof, S. 147 o.: Sprungbude Filderstadt, S. 147 u.: Hofgut Hopfenburg, S. 148 o.: Cojote Outdoor Events, S. 148 u.: Stuttgart-Marketing GmbH / Thomas Niedermüller, S. 151 o. und u.: Stadt Allmersbach, S. 152 o.: Brauhaus Barbarossa, S. 152 u.: Stadt Schöllkrippen, S. 155 o.: WakePark Thulba, S. 155 u.: Naturcamp Thulba, S. 156 o. und u.: Weingut Hirn, S. 158: Mitimino-Lamas, S. 159: Bayerisches Staatsbad Bad Steben GmbH, S. 160 o. und u.: Campingplatz Fichtelsee, S. 163 o. und u.: Sebastian Hilke, S. 164 o.: Erlebnisholzkugel, S. 164 u.: Camping Weichselbrunn, S. 167 o. und u.: Erlebniswelt-Velburg, S. 168 o. und u.: Wakepark Brombachsee / Zeltwiese Absberg, S. 171 o. und u.: MTB Zone Bikepark Geisskopf, S. 172: Vital CAMP Bayerbach, S. 173: Florian Weichselbaumer, S. 175 o.: Alte Saline Bad Reichenhall, Südwestdeutsche Salzwerke AG, S. 175 u.: Bayerisches Staatsbad Bad Reichenhall GmbH, S. 176 o. und u.: Volker Truckenmüller / werbehersteller.de, S. 179 o. und u.: Alpen-Caravanpark Tennsee, S. 180 o.: Bergschule Alpenwelt Karwendel, S. 180 u.: Magnus Winterholler, S. 183 o. und u.: Camping Hopfensee, S. 184 o. und u.: Camping Bergheimat, S. 187 o.: Therme Bad Wörishofen / Christian Kasper, S. 187 u.: Therme Bad Wörishofen, S. 188 o.: Bernd Hoeller, S. 188 u.: Wohnmobilstellplatz Oberstdorf.

Impressum

Verantwortlich: Kerstin Thiele
Lektorat: Claudia Weingartner
Layout: Eva-Maria Klaffenböck
Kartografie: Heike Block
Repro: LUDWIG:media
Herstellung: Alexander Knoll
Printed in Poland by CGS Printing

★ ★ ★ ★ ★

Sind Sie mit diesem Titel zufrieden? Dann würden wir uns über Ihre Weiterempfehlung freuen. Erzählen Sie es im Freundeskreis, berichten Sie Ihrem Buchhändler oder bewerten Sie bei Onlinekauf. Und wenn Sie Kritik, Korrekturen, Aktualisierungen haben, freuen wir uns über Ihre Nachricht an Bruckmann Verlag, Postfach 40 02 09, D-80702 München oder per E-Mail an lektorat@verlagshaus.de.

Unser komplettes Programm finden Sie unter

www.bruckmann.de

Alle Angaben dieses Werkes wurden von der Autorin sorgfältig recherchiert und auf den neuesten Stand gebracht sowie vom Verlag geprüft. Für die Richtigkeit der Angaben kann jedoch keine Haftung übernommen werden, weshalb die Nutzung auf eigene Gefahr erfolgt. Insbesondere bei GPS-Daten können Abweichungen nicht ausgeschlossen werden. Sollte dieses Werk Links auf Webseiten Dritter enthalten, so machen wir uns die Inhalte nicht zu eigen und übernehmen für die Inhalte keine Haftung.

In diesem Buch wird aus Gründen der besseren Lesbarkeit das generische Maskulinum verwendet. Weibliche und anderweitige Geschlechteridentitäten werden dabei ausdrücklich mitgemeint, soweit es für die Aussage erforderlich ist.

Die Deutsche Nationalbibliothek verzeichnet diese Publikation in der Deutschen Nationalbibliografie; detaillierte bibliografische Daten sind im Internet über http://dnb.d-nb.de abrufbar.

ISBN 978-3-7343-2597-7